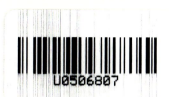

人生智慧录（珍藏版）

〔德〕叔本华 著　胡百华 译

山東畫報出版社
济　南

图书在版编目（CIP）数据

人生智慧录：珍藏版 / (德) 叔本华著；胡百华译. --
济南：山东画报出版社，2025.1
ISBN 978-7-5474-4559-4

Ⅰ. ①人… Ⅱ. ①叔… ②胡… Ⅲ. ①叔本华（Schopenhauer, Arthur 1788-1860）—人生哲学—哲学思想 Ⅳ. ①B516.41

中国国家版本馆CIP数据核字（2024）第073448号

RENSHENG ZHIHUI LU（ZHENCANG BAN）
人生智慧录（珍藏版）
〔德〕叔本华 著　胡百华 译

主管单位　山东出版传媒股份有限公司
责任编辑　郑丽慧
装帧设计　王　芳　刘悦桢
主管部门　山东出版传媒股份有限公司
出版发行　山东画报出版社
社　　址　济南市市中区舜耕路517号　邮编 250003
电　　话　总编室（0531）82098472
市场部（0531）82098479
网　　址　http://www.hbcbs.com.cn
电子信箱　hbcb@sdpress.com.cn
印　　刷　山东临沂新华印刷物流集团有限责任公司
规　　格　150毫米×228毫米　32开
8.5印张　175千字
版　　次　2006年1月第1版　2025年1月第3版
印　　次　2025年1月第1次印刷
书　　号　ISBN 978-7-5474-4559-4
定　　价　58.00元

建议图书分类：哲学

快乐不是容易的事，

在我们自身之中很难找到，

在别处更不可能找到。

——尼古拉 · 尚福尔（Nicolas Chamfort）

目录

中文简体版前言

与胡百华先生的相识缘于一个人，那就是梁实秋先生。

作为一个中国现代文学的研究者，在二十多年的时间里，我一直对梁实秋先生保持着浓厚的研究兴趣，他的各类著述文字、人格风范、情感世界都进入了我的研究视野。在学理研究之外，我对梁实秋先生的人格风范非常敬佩。作为一个走过五四的知识分子，梁先生的一生不激不随、雅健通达，为中国知识界展现了一种知识结构完善、人格健全的现代知识分子风范。2003年，经朋友介绍，我得以结识胡百华先生，他是梁实秋先生在台湾师范大学执教时的学生，毕业后又给梁先生做助教，参加梁先生领衔的《远东英汉词典》编写小组，编写了海内外第一份梁实秋年谱，写过多篇研究梁先生的文章，并始终关注着海内外梁实秋先生的研究动态。2023年是梁实秋先生诞辰120周年，90岁高龄的胡先生又邀约我一起编校出版梁先生的诗歌散文译作。在胡百华先生的生命中，梁实秋先生是一个长久而深情的存在，这份情感不单是源自师生情谊，更是因为梁实秋先生的人格风范深刻影响了胡先生的人生。在与胡先生的交流中，我们共同感兴趣的话题就是：梁实秋先生健全通达的人格魅力因何而成？

在《新世训》书评中，梁实秋先生说："我常常想，一个人生在世上，应该怎样待自己，应该怎样待人？这个问题很繁难，我想许多人根本就不想这个问题。大多数人是随缘肆应，对待事情的态度是临时斟酌决定。我以为这是不对的。我以为我们应该心中先有一个一贯的道理，做人的道理，然后才能'以不变应万变'，然后才有'大德不逾闲'的把握，然后生活才有规律……古今中外的哲学家，在这一方面的著述，最使我个人感觉兴趣并且感受影响的，是叔本华的那一部 *Maxims and Counsels*（原文为'*Counsois*'，疑误。——编者注）。我从这本书里学习到不少的做人的道理。"梁实秋先生所指的书就是胡百华先生所翻译的这本《人生智慧录》。

在《影响我的几本书》中，梁实秋先生又郑重提到叔本华的 *Maxims and Counsels*（梁先生译作《隽语与箴言》。关于梁实秋先生为何把叔本华的这本书译为《隽语与箴言》，请参看《译者前言》的说明）。虽然他对叔本华的哲学著作读得不多，但这位举世闻名的悲观哲学家所写的这本零零碎碎的札记性质的书却给了他"莫大的影响"。在他看来，叔本华的基本认识是：人生无所谓幸福，不痛苦便是幸福。痛苦是真实的、存在的、积极的；幸福则是消极的，并无实体存在。没有痛苦的时候，那种消极的感受便是幸福。幸福是一种心理状态，而非实质的存在。基于这一认识，人生的努力方向应该是尽量避免痛苦，而不是追求幸福，因为根本没有幸福那样的一个东西；能避免痛苦，幸福自然就来了。梁实秋先生非常赞同叔本华的看法，在《快乐》一文中，他指出：快乐是在心里，不假外求，求即往往不得，转为烦恼。叔本华的哲学是：苦痛乃积极的实在的东西，幸福快乐乃消极的根本不存在的东西。所谓快乐幸福乃是解除苦痛之谓，没有苦痛便是幸福。再进一步看，没有苦痛在先，便没有幸福在后。不过在梁实秋看来，避免痛苦不是一件简单的事，需要慎思明辨，更需要当机立断，这就需要历练一种人生智慧。

叔本华这个名字对于20世纪的中国知识分子是非常熟稔的，有很多人都或多或少地从他的思想和文字中获得思想支援。众所周知，20世纪初期的中国是在耻辱中救亡图存的中国，用鲁迅的话来说，当时的中国是“悲凉之雾，遍被华林”。叔本华的悲观哲学曾影响了很多现代知识分子，王国维、鲁迅是其中最有代表的两位。叔本华认为，“人生即是痛苦”，而最大的痛苦莫过于自己意识到自己的痛苦。“一个人的智力愈多，认识愈明确就愈痛苦，具有天才的人则最痛苦。”“人从来就是痛苦的——人生是在痛苦和无聊之间像钟摆一样地来回摆动着；事实上，痛苦和无聊也就是人生的两种最后的成分。”而人生最终的一个理想，就是求得一种解脱。深受叔本华影响的王国维是一个典型的悲观主义者，他常常陷入对人生苦难的体验、对国运衰亡的忧患以及对人民麻木乐天的慨叹中，认为“人只有知苦痛才能奋起，才能避免麻木”，而这种痛苦体验却最终超出了他的负荷，使他走向了自沉昆明湖的终极自我解脱之道。鲁迅的文字中始终充满了“希望”与“绝望”的纠葛，在他看来，人生中“惟黑暗与虚无乃是实有”。但他并没有于绝望的境地中消沉，而是以“反抗绝望”的姿态面对人生，“忧愤深广”成为鲁迅最突出的精神特征。

而同样深受叔本华影响的梁实秋，却表现出与王国维、鲁迅迥然不同的精神风貌。在他看来，没有痛苦便是幸福，所以他能从庸常的生活中体味到快乐，好友冰心曾经视他为知、情、趣三品合一的知己，即是因为注意到他身上的这种重要品质。而梁实秋从叔本华书中所体悟到的“没有苦痛在先，便没有幸福在后”的道理，也使他历经乱世而依然风神萧散、平和通达。

半个多世纪前，胡百华先生在梁实秋先生的身边学习、工作、生活，得以分享梁先生的学识和智慧。在20世纪60年代，梁实秋先生曾介绍胡先生翻译威尔·杜兰特的《哲学的趣味》（*The Pleasures of Philosophy*）。作为一个著名的翻译大家，梁先生对翻译对象的选择是非常苛刻的，在他看来，只有有利于发扬健全人性的经典性著作才有翻译的价值。胡先生因此而有机会直接向这位莎士比亚的翻译大家请教翻译上的具体问题，而威·杜兰特对哲学上各种问题的精辟见解，也深深影响了胡先生的前半生。

叔本华的这本 *Maxims and Counsels* 虽然也属于梁实秋先生向胡先生重点推荐的好书，但由于诸种原因，一直到20世纪90年代，胡先生才得到这本书的英文译本。胡先生在开始阅读这本书之后，立即深感这本书解决了他对人生的种种困惑，深悔没有在梁先生在世时阅读这本书。因为书中的人生哲学和人生智慧使他更加了解了恩师的人格风范，更重要的是这本书也深深改变了他自己的人生观和价值观，他从此尊这本书为心目中第一人生哲学书。出于对恩师梁实秋先生的景仰和对 *Maxims and Counsels* 一书的喜欢，胡先生一直希望能够把这本书推介给更多的读者，让更多的人从这些智慧中受益。虽然胡先生并不是宗教主义者，但他对这项工作有一种宗教般的虔诚。他开始阅读本书是在香港，很自然地关心中文版本的情况，于是立刻到处寻找中文译本，遍寻不得乃开始着手将这本书的英译本译成中文，书名译作《处世智慧录》。在翻译的过程中，他对自己几十年的人生有了更多的体悟和了解，同时也更能快乐地享受人生的一切。这本书于2001年由台湾的九歌出版社出版，在台湾等地引起了很好的反响。2004年11月，我们一起在北京语言大学参加“梁实秋与中西文化”国际研讨会期间，他在谈话中屡屡谈及这本书，当时他从澳大利亚经香港赴北京参会，大旅行包中装了好几本《处世智慧录》，用以分赠给前来开会的朋友。胡先生对这本书的翻译是超越于功利之外的，他只有一个很单纯的愿望，就是想把这本曾经深刻影响过梁实秋先生和他自己的书，作为传播幸福、快乐和智慧的“善书”，传递给更多的人，让更多的人从中受益。

我较早从胡先生那里得到了这本书，并成为又一个受益者。在北京开会期间，胡先生提到希望自己的译作能在大陆出版简体字版本，当时山东画报出版社的朋友段春娟女士正在筹划出版与梁实秋先生有关的著作，于是我向她推荐了胡先生的这本译作。

胡先生非常看重这本书在大陆的出版，在2001年的台湾九歌版本及稍后的英汉对照本的基础上，又做了不少修改完善工作。在胡先生看来，叔本华虽然是一个才情并茂的大哲学家，但有些观点不无偏颇之处。为了弥补这种不足，他在简体字版本中，用英国拉伯克（John Lubbock）的《快乐是责任》一文作为“代跋”来补救偏颇，这也是简体字版本中胡先生最为满意的改动。也正因为这一点，作者对台湾九歌版本所使用的书名——《处世智慧录》也做了修改，改为《人生智慧录》。这本书在大陆很受读者欢迎，自2006年以来，已经连续发行两版，今年山东画报出版社的郑丽慧女士又策划推出第三版。

胡先生是一位令人感动的学者，他由对恩师梁实秋的敬仰而阅读和翻译叔本华的*Maxims and Counsels*，梁实秋先生的人格魅力和他自己的亲身感受使他充分认识到这本书的价值，并促使他多年来虔诚地向朋友和读者推荐这本书，在此，我也真诚地希望本书在大陆的出版能够为更多读者的人生带来福音。

刘　聪

2024 年 1 月于山东曲阜师范大学

译者前言

叔本华（Arthur Schopenhauer）于1788年2月22日在德国旦泽（Danzig）诞生。他的父亲是富商，所以他早年曾经在英国、法国和德国各处长时期居住和游历。但是，他父亲却轻视儿子勤学用功，在1805年把他安置于汉堡（Hamburg）的友人的贸易行见习（他们全家是1793年迁往该地的）。叔本华在该行只接受了三个月的训练，他父亲就突然死去（可能是自尽）；他母亲把诸事料理后，带着他妹妹前往魏玛（Weimar）从事小说创作和文艺活动。叔本华独自留在汉堡，开始跟希腊学者帕索（Passow）攻读古典著作；两年的学习后，他已有充分能力运用希腊文和拉丁文文献。

1809年，叔本华已继承可使他终生经济独立的巨大资产，这时他入读哥廷根（Goettingen）大学，对柏拉图和康德哲学至为钦服。两年后，他转往新成立的柏林大学，跟弗雷德里希·奥古斯特·沃尔夫（Friedrich August Wolf）研究古典学，并选习约翰·戈特利布（Johann Gottlieb）和弗雷德里希·施莱尔马赫（Friedrich Schleiermacher）的课程。

叔本华于1813年在耶拿（Jena）大学获授哲学博士学位；同年，他出版论文《论充分理性原则的四重根》，从论文可看出康德对他的强烈影响。

1813年11月，叔本华回到魏玛跟母亲一起住。但是，他自从青春期就表现出的抑郁的性情，使他的母亲无法忍受。他们之间的一次冲突导致母子完全决裂，叔本华以后就再未见过母亲。但在魏玛的时候，他得以结识东方学者弗·迈耶尔（F.Mayer），由于后者的介绍他开始涉猎古印度哲学，他找到一本《奥义书》（*Upanishads*）的拉丁文译本，成为他日后使用的祈祷书。

后来叔本华迁往德累斯顿（Dresden），花了四年工夫研究印度哲学并撰写《作为意志和表象的世界》（*The World as Will and Representation* 或 *Die Welt als Wille und Vorstellung*，1818）。这本书所引起的注意，只够让他于1820年在柏林大学谋得一个讲师席位。因上课的时间跟黑格尔（Hegel）的相冲突，使得他的课程没有学生选习。叔本华生性多疑，认为自己的失败是出于黑格尔和他的追随者的阴谋。他结束大学教席之后，留在柏林，一直到1831年那次大规模霍乱病疫的暴发。于是他搬往法兰克福（Franfurt），并在那里终其一生。他愈来愈跟世界疏远，觉得世人以他为敌，不欣赏他的天才，他在1836年出版《论自然中的意志》（*On the Will in Nature* 或 *Ueber den Willen in der Natur*），抨击黑格尔的哲学荒谬而且自相矛盾。

1841年，《作为意志和表象的世界》的第二版刊行，修订版增加了新材料，诸如意志和死亡的主要性和性爱的形上学。书并不畅销，但为著者赢得一些信徒。其中一位是朱利叶斯·弗劳恩斯泰特（Julius Frauenstaedt），他为叔本华的《补苴论文集（附录和补遗）》（*Parerga und Paralipomena*，1851）找到出版人，在叔本华死后并为他编辑著作。第三版的《作为意志和表象的世界》于1859年问世。

叔本华性格沉郁，跟世人疏远，兼及他研究佛教和印度教，都深刻地濡染着他的哲学观。他看到的终极的实在是盲目的，意志（心性）是违逆理性的，自然中的一切无不如此显现；这一意志，而非理性，是人类所有行为的根源。世界的可怕性排除了神的存在。自我在人死之后的存活似乎是同样不可能的：人成为个体，只限于现象界中；在实体界中，根本无所谓个性。所以，个别的性格在身体死后不能继续生存。

叔本华在世时并不广为人们赏识，却大大地影响了后世的哲学。他高瞻远瞩，看出人乃非理性冲动的牺牲，为弗洛伊德（Sigmund Freud）和一般心理学的理论开创了先河。叔本华于 1860 年 9 月 21 日在法兰克福逝世。

《人生智慧录》（*Aphorisms on the Wisdom of Life* 或 *Aphorismen zur Lebensweisheit*）是《补苴论文集》中的一个独立单元，英译者汤姆斯·贝利·桑德斯（T. Bailey Saunders）在英译时把原来这个单元分为“The Wisdom of Life”和“Counsels and Maxims”两部分，仍作一个单行本出版。中文以往的翻译只见到这两部分各自成为单行本的译本（如张尚德译《人生的智慧》，陈苍多译《叔本华论人生：隽语与箴言》），似乎是受到桑德斯的影响。现代中国文豪梁实秋先生在《影响我的几本书》（1984）中，把本书后一部分（直接称作《隽语与箴言》）看作是影响他平生最大的第四本著作，大概同样是受了桑德斯的英译本的影响所致。①

叔本华的主要著作是《作为意志和表象的世界》，但开始使

① 任立、潘宇编译《叔本华文集：人生智慧》（北京，华龄出版社 1997），主要是根据 Saunders 的英译本的前一部分及《隽语与箴言》（即本书第五章）的前 46 节（全章为 53 节），另加叔本华所著《伦理学的两个基本问题》及《论道德的基础》（节选）组成。

得世人重视他的著作似乎是在《补苴论文集》出版之后。我们敢说，《人生智慧录》是《补苴论文集》之中的重要部分。中译者当初就是深深为本书所吸引，并感到本书人人都值得一读，而当时在香港到处未能找到后一部分（即“Counsels and Maxims”）的中译本之后，才想到着手翻译，并决定这部分需为中英对照，始可满足读者一窥原豹的心理。到最后整理译稿之时，终于从台湾获得陈苍多先生的译书。九歌出版社蔡文甫先生获知此书中译的情况后，建议译者补译本书的前四章，跟前此所译即本书的后两章，按原著（以及 E.F.J.Payne 英译本）的模式，合在一起。所以，这本译作以现在的形式出版，完全是出于蔡先生的建议。

本书的翻译主要是根据桑德斯 1890 年的译本，他的译文流畅雅致，难能可贵；在为文严谨方面，佩恩（E.F.J.Payne）所译的《补苴论文集》的英译本（1974），俨然独树一帜。由于任何翻译都免不了各种失误或不妥之处，我们每见桑德斯译文有可议之际，大多求助于佩恩的文本；而遇有两者难以决断的时候，则翻查手头 1891 年莱比锡布罗克豪斯出版社出版的德文原著。中译者的客观条件应该说是具备的，这一单行本的译文如果有重大偏失，只能说是出于中译者的疏懒和学养不足。

先师梁实秋先生和吴奚真先生，毕生孜孜于文事和翻译，型范犹在，如果本译作有任何可取处，都可导源于他们的教导和启迪。又，本书简体版在校核及付印期间，曾获得香港中国语文学会姚德怀先生、王爱莉女士、梁师研究学者刘聪博士，以及山东画报出版社前后责任编辑段春娟、郑丽慧女士的鼎力筹划和协助，译者在此一并感谢。

胡百华

导　言

在本书中，我所谈论的“人生智慧”，只是这个词语的一般意义，那就是讲求如何安排我们的生活，让我们获得最大可能的幸福和成功。探求这一方面之艺术的理论可以称为“幸福学”或“幸福论”，因为它教导我们如何拥有一个幸福的人生。这样的人生，如果完全从客观的观点来看，或者说，经过我们冷静和成熟的思考之后(本问题必然涉及主观的考虑)，可以认定为绝对是胜于“无此一生”；这就是说，我们应该为了活命而活命，并不只是因为怕死；还有就是，我们乐于见到此生永远继续。

人生是否合乎（或可能合乎）这样的生存观念，对于这一问题，大家都知道，我的哲学体系所能给的答案必将是否定的。但是，根据幸福论的假定，我们必须肯定地答复这个问题。在我的主要著作（《作为意志和表象的世界》第2卷第49章）中我已经阐明，幸福论的假定建立于错误的基础之上。因此，在讨论幸福的人生之时，我必须完全放弃我一向抱持的更高级的形而上学的和伦理学的立场；我在这里所谈论的一切，都或多或少地有所折中，这是因为我采取的是一般的经验论的观点，并接受其不可避免的错误。所以，我的话的价值是限定性的，因为“幸福论”这一词语就是委婉说法。尤有进者，我并不希求讨论的完整性，部分是因为主题的无边无际，部分是因为我得重复别人已经说过的话。

就我记忆所及，有一本著作跟本书的目的相同，而且对本书所论各篇富有启发，那就是卡丹（Cardan）的《谈苦难的作用》（*De utilitate ex adversis capienda*），非常值得一读，可以补助本书有所不足之处。不错，亚里士多德在《修辞学》（*Rhetoric*）第 1 卷第 5 章中有几句谈到“幸福论”的话，但是他的讨论并不深入。编书不是我的特长，前人的著作对我的用处不大；更重要的是，编辑的过程会把观点的独特性丧失，而观点的独特性是这类著作的灵魂。一般说来，各时代的贤者所说的话大体相同，愚者则亘古以来总是占大多数，他们自有主张，所作所为相似，却无不违背道理行事，那些蠢事会继续下去。正如伏尔泰说的，“我们来到地球时所见到的愚蠢和邪恶，在我们离开之际仍然是老模样”。

第一章

基本的划分

The world in which a man lives shapes itself chiefly by the way in which he looks at it, and so it proves different to different men; to one it is barren, dull, and superficial; to another rich,interesting,and full of meaning.

我们所处的世界是怎样的，主要在于我们以什么方式来看它，所以不同的人见到不同的世界。有人认为它荒芜、枯燥和肤浅，有人觉得它丰富、有趣而且充满意义。

亚里士多德（Aristotle）将人生的福分划分成三类，那就是得自外界的福分、得自心灵的福分，以及得自肉体的福分。我不计较前面这种划分的内容，只想保留它的数字。据我观察，人的命运的根本不同点，可以归结为三类：

一、人的自身：换言之，就是从人格（personality）一词的最广泛意义而言，其中包括健康、精力、美、脾气、品性、才智和教养。

二、人的所有：就是指财产和其他各种可能占有的一切。

三、人的地位：就是大家都知道的，他人把你看成什么，或更严格地说，他人是根据什么看待你，这可以从别人对你的看法中透露出来。而别人对你的看法，又从你所获得的荣誉、地位和名声中显而易见。

上面第一类的差异是“大自然”赐给各人的，从这一事实我们立刻可以推断出，这些区别对各人的幸福与否所造成的影响，比之后两类要重大和深刻，后两类只是人间安排的结果。得自地位或出身甚至包括王室所带来的种种特权，跟“真正优异品质”，例如伟大心灵或伟大心胸相比，只不过是舞台上的国王见到真实人生中的国王。很久以前，希腊哲学家伊壁鸠鲁（Epicurus）最早的弟子梅特罗多洛（Metrodorus）在其著作的一个篇章的题目中，说过同样的话：“从我们内心得来的快乐，远超过自外界得来的快乐。”个人幸福的主要因素，还有我们生存的整个模式，都取决于我们内在的品质，也就是我们是如何构成的，这是明显的事实，无可置疑。人的心灵对于一己的感性、欲望和思想所获致的总效果，是否觉得满足，跟他的本质具有直接关系；在另一方面，外界只不过是对我们产生一种间接的影响罢了。这就是为什么同样的外在事件或环境，对任何两个人的影响都不同；甚至在完全相似的环境中，每个人都生活在各自不同的天地里。一个人能直接领悟的，只是他自己的观念、感情和愿望，外在世界对他的影响，只是促使他产生那些观念、感情和愿望。我们所处的世界是怎样的，主要在于我们以什么方式来看它，所以不同的人见到不同的世界。有人认为它荒芜、枯燥和肤浅，有人觉得它丰富、有趣而且充满意义。听到别人在人生中所经历的颇富兴味的事，许多人也都想经历相似的事件，完全忘记那些事件之所以具有意义，是因为在人家诉说时，他具有那种令人羡慕的性向所致。对于天才来说，某些事情是有趣的冒险；但对于普通人而言，不过是一般的日常事件。在最为极端的程度上，可以拿歌德（Goethe）和拜伦（Byron）的诗为例子，他们的诗有很多明显来自实事。愚痴的读者可能会妒忌诗人，因为那么多有趣的事发生在他们身上，而并未羡慕诗人莫大的想象力可以把极平凡的经验变得那么伟大和美丽。

同样的，某一情景对乐观的人看来只不过是一次可笑的冲突，忧郁的人却把它当作一幕悲剧，而恬淡的人会认为毫无意义。所有这些都依赖一种事实，那就是每一次实际经历的事件，都必须具备两个因素，即主体和客体两者密切地连接在一起，犹如水中的氢与氧的关系一样，才可望被体认出来。所以，当某一经验的客体或外在因素相同，但主体或个人对它的认知并不相同，该事件就好像是外在因素不同似的。对于迟钝的人，世界上最美好的事物实际上微不足道——好像美好的景色在坏天气中，或是照相机的暗箱不佳时所显露的情况。明白地说，每个人都受到自己意识的限定，我们无法直接地超越这些限定，正如人体受到皮囊的限定一样，因此，外界的帮助对我们没有多大用处。在舞台上，有人扮王侯，另一人做大臣，还有人是仆人，或是兵士，或是将军，等等——都只是外表的不同，其内在的实质是一样的——都是可怜的演员，都各有自己可焦虑的命运。在现实生活中也一样。地位和财富不同，给予每个人不同的角色，但这并不意味我们内在的幸福和快乐会相对地有所不同；就这点而言，我们的本质也相同——可怜的凡人，生命充满忧患困厄。虽然每一情况的原因不同，生命中各种忧患困厄在形式上都基本相同，只是程度不同，但无论如何跟每人所扮演的角色，或者地位和财富之有无，绝对不相对应。因为每一件事的存在或发生，只存在于有关人的意识之中，而且只是为意识而存在，因此，对于人而言最为关键的事，是这一意识的素质。在大多数的情况下，意识素质的重要性，远超过构成意识内涵的外在情况。世界上所有的骄傲和快乐，由笨人迟钝的意识所见到的，跟塞万提斯（Cervantes）在悲惨的监狱中撰写《堂吉诃德》时的想象力相比，自然有天渊之别。生命和实在的客观的一半，是在命运的手中，因之在不同的情形中所展现的形式就不同；主观的一半是我们自身，它基本上是始终不变的。

因此，无论外在环境如何变化，每个人的生命自始至终都具有同一性格，每个人的一生就像用同一主题所写出的不同文章而已。没有人能超出他自己的个性。一种动物不管被放在任何环境中，总是限定在上苍所赋予它的狭窄的天性之中，所以，我们如果要使宠爱的动物快乐，必须依据那一种宠物的天性，以及在它所能感觉到的范围之内着手努力。人也一样，我们所能获得的快乐，事先就由我们的个性决定了。人的心智能力的情况更是这样，它决定了我们是否有能力觅取更为高级的精神价值享受。心智能力如果不高，任何外在的努力，不管别人或是幸运如何帮助我们，都不足以让我们超越普通人所可得到的幸福和快乐。心智不高的人，其快乐和幸福的唯一来源是他的感官欲望，他要低级伴侣、粗俗的消遣——充其量想过一种舒适而愉快的家居生活；就整体来说，教育对这类的凡夫俗子可帮之处不多，大不了扩大他们的一些眼界罢了。不管“青春”会如何欺骗我们，最高尚、最有变化、最能持久的快乐得自心灵，心灵的快乐又依赖我们的心智能力。很明显，在很大程度上，我们的幸福依赖我们的本质和个性。而所谓命运，一般是指我们的财富和名声之类。就这一点来说，我们的命运是可能改善的，但如果我们内心富足，就不必有所外求了。另一方面，笨人终其一生仍然是笨人，他还是笨头笨脑，尽管他被天堂的美女包围着。歌德在《西东诗集》（*Westöstlicher Diwan*）中这么说：

贵贱高下各式人等
无不说明，
世人的至高幸运
只在于性格。

一般的经验指出，生命中的主体因素，对于我们的幸福和快乐而言，其重要性远远超过客体因素，这从“饥不择食”“青年和老年不能相与为伍”以及天才和圣贤的生活可以看出来。在各种福分之中，健康又比所有其他的福分来得重要，我们真的敢说，体健力壮的乞丐比之恶疾缠身的君王要快乐得多。一种沉静而愉快的性情，对拥有充分健全的体格感到欣喜，思维清晰活跃，洞彻事理，温文尔雅，心地善良——这些都不是地位和财富所能促成或取代的。因为我们的内在本质，独处时陪伴自己的“又我”，以及他人无法给予或是取走的自身，拿来跟我们所能拥有的一般财物甚或世人如何看待我们相比较，很明显更为重要。一个具有智力的人在完全孤独的时候沉浸于一己的思想和遐念之中，其乐也融融；但社交、戏院、外游、各种娱乐，无论有多少或怎么有变化，却总不能让愚人免于烦闷。个性温文和善的人在困苦环境中能得到快乐，而贪婪、妒忌、心地恶毒的人，纵然是富甲天下，生活仍然是愁苦的。的确，世人所追逐的那些欢乐，对于一个具有高度智力、享尽自己独特个性的人，完全是多余的，我们甚至可以说是麻烦和负担。霍勒斯（《书函集》，II.2.180）谈到他自己时说：

象牙，云石，饰物，雕像，画作，
银盘，紫色衣袍，
许多人无缘，有些人不理。

苏格拉底看到各种奢侈货品摊开出售，大声说道："世界上有多少东西是我不需要的啊！"

因此，人生幸福的最首要的因素是我们自身——我们的品质和性格，"自身"是在所有情况中都在那里发生作用的一个因素。此外，它跟其他两类所指的福祉不同，它不由命运任意操纵，不会从我们手中夺走，这类福祉有绝对价值，其他两类的价值是相对的。这一认识的结果是，我们从外在掌握一个人，比大家所设想的要困难。但是，全能的"时间"在这里将会行使它的权利，在它的影响下，人们在体力和智力上的优势会慢慢地衰退，只有品性不受时间的影响。由于遭受时间的破坏所致，第一类的福祉倒不如另两类，后两类是时间无法直接从我们手中夺去的。另两类的其他好处是，因为它们是客观的和外来的，所以是可以获取的，也就是每个人都有可能获得；主观的福祉则不然，它是"天命"，跟我们一生不可分割，是命中注定的。歌德就这样无情地指出：

你来到世上的那天，
太阳接受行星敬礼，
你立刻而且永远地必须按照
你来到世间的规律才能成长。
无可选择，你逃不开自己，
预言家们都这么说过，
时间和力量都无从改变
这一有待发展的生命雏形。

我们力量所及唯一能做到的事，就是尽力发挥我们个人的品质，让我们从事的事业，能够用上我们的才智，在能力范围内做到极致，避免其他的纷扰，因此，我们就得选择最适合我们发展的职位、行业和生活方式。

试想，一个孔武有力的人为环境所迫，例如去从事伏案的工作，或是做需要精细手艺的行业，或是做研究、需要用脑力的事，被迫不用他具有的过人的长处，处于这种状况的人，终生都不会快乐的。更为悲惨的命运是，有人具有极高的智力，被迫未得发展或不让使用，而去做他体力可能不济的劳动。遇到这种情形，我们得要小心，特别是在年轻时，要避免胡乱臆断，认为自己具有某种优异的能力。

因为前面所述的第一类的福分，大大地超过其他两类，很明显的，比较明智的途径是致力于维护健康，培养能力，而不是全力赚钱，这一定不可误解为我们可以疏忽赚钱。严格地说，过多的财富对我们的幸福帮助不大。许多富人之所以不快乐，就是因为他们没有任何真正的教化和知识，因此就不具有客观兴趣，让他们有能力参与心智活动。拥有财富能满足某些真正的和自然的需要，除此之外，它其实对我们的幸福所起的作用有限；甚至，还可能有碍幸福，因为为了维持财富，必然会导致不可避免的忧虑。尽管我们敢说，人的品质比人的财富更有助于他的幸福，然而，人对发财的打算，比之吸取教化，其专心程度何止千倍！你会看到许多人从早到晚像蚂蚁一样忙碌不堪，为的是增加财富。除了赚钱的方法之外，他什么都不懂。他的心灵是一片空白，因而不能接受其他的影响。心智的最高级的享受，跟他无缘，他无奈就只好沉迷于声色犬马中，任意挥霍，求得片刻的感官享受。如果他幸运，他奋斗的结果会真的发一笔大财，唯钱财始终得留给后人，后人或是把它滚成更大一笔，或是挥霍精光。这样的一生，纵然看来过得有声有色、煞有介事，实际上和其他蠢人一样，被愚昧地浪费了。

这就可以说，“人的自身”对于个人的幸福是最主要的因素。所以一般而言，享有幸福的人并不多，因为大部分不必为生活发愁的人，跟那些终日为衣食奔走的人一样，毕竟同样感到不快乐。他们的心灵空虚，想象力迟钝，精神萎靡，最后是物以类聚，他们就跟同类的人为伍，于是大家一起消遣，追求欢乐，主要就是恣情纵欲，放浪形骸。富家子弟拥有一大笔钱，常常是短期内极度浪费地挥霍一光，为什么？其原因是相同的，根本是心灵空虚，对生存感到烦厌。他来到这世界，外表富有，内心贫乏，他尽力要用外在的财富，企图利用从外界所得到的一切，以弥补内心的贫穷，就像一些老人想靠少女使身体更强壮一样。到头来，内心贫穷的人，外在也同样贫穷。

其他两类福分对于人生的重要性，无须我在此多说。如今，利和名的价值，尽人皆知。当然，跟第二类相比，第三类似乎是缥缈的，因为名声只是由他人的看法而构成。可是，大家都追求名声，要有好名誉。勋位应该限于献身公益的人才可获得，大名望只有极少数人可以得到。无论如何，好名誉是无价之宝，大名望是所有福分之中人们可能到手的最高级的珍品。只有笨人宁要勋位不要财产。此外，第二类和第三类是因果交替的，有名就有利，有利也就有名，正好应验了古罗马人佩特罗尼乌斯（*Petronius*）的一句格言，“人的价值在于他所拥有的”。

第二章

人的自身

The two foes of human happiness are pain and boredom. We may go further, and say that in the degree in which we are fortunate enough to get away from the one, we approach the other. Life presents, in fact, a more or less violent oscillation between the two.

人生快乐的两大仇敌是痛苦和烦闷。我们可以进一步说，要是我们够运气能离开一个仇敌，我们就按照离开它多少，而接近另一个仇敌。事实上，人生的过程就似乎是在这两者之间的剧烈摆动。

我们在前面已经大体看出，人的自身对于个人幸福的促进，远比“人的所有”或“人的地位”重要。我们的自身，也就是我们所具有的性格和品质，总是需要最先考虑的；人的个性永远伴随着自己，是个性把我们所有的经验都加上自己的色彩。例如，在各种享受之中，能得多少欢乐主要是依靠本人。大家都承认，在肉体方面的享乐是如此，在精神享乐上更是这样。英文的说法“to enjoy oneself（享受自己）”，提供给我们一个非常精辟的成语，例如，英文不说“他享受巴黎”，而是说“他在巴黎享受自己”。个性不健全的人对于人生欢乐的感受，就像美酒进到含着苦胆的嘴中一样，无非是苦涩的。因此，所谓人生的幸福和艰辛，不取决于我们的遭际，而在于我们如何对待它，在于我们感受它的性质和程度。简言之，我们的性格和品质，是唯一立即而且直接影响到我们快乐和幸福的因素。所有其他因素都是间接而非立即的，其影响都可以化解和消除；但是，人的性格的影响性是永远的。这可以说明，由性格所引起的忌妒为什么最难平息——忌妒也是最善于掩饰的。

进一步说，在我们所作所为或是在我们遭受的痛苦之中，我们的意识素质总是存在并且持续的。我们的个性，在我们有生之年，每时每刻都一直或多或少地发生作用；所有其他影响都随着一切机缘变化而成为一时的、偶然的、倏忽的。因此，亚里士多德有一句话：持久不变的是人的性格，不是财富（见《优台谟伦理学》，VII. 2）。同一理由，我们对于完全来自外界的不幸，比较容易忍受，而自己招来的不幸却更难应付。运数总是会变更的，性格则不然。因此，主观方面的福分——高贵的性格、精明的头脑、愉快的性情、乐观的精神、健全的身体，总之，身心健康是构成幸福的最为首要的因素。所以，比之获得外在的财富和外界的荣誉，我们更应该注意提高和维护自己的身心健康。

在所有这些内在的品质之中，对幸福最有直接帮助的是心情愉快，因为心情愉快本身就是直接的奖赏。开心的人总是有其理由的，但大抵跟天性有关。乐天的个性最能弥补其他福分的丧失。一个人可能年轻、英俊、富有而又受人尊重，你要是想知道他是否幸福，你只需要问，他的心情是否愉快？在另一方面，要是他心情愉快，就不必计较他是年轻还是年老，背直还是背驼，富有还是贫穷——他是快乐的。我早年在一本老书中看到这么几句话：你要是常常笑，你就快乐；你要是时常哭，你就是不幸。这无疑是简单的说法，但正因为它简单，尽管它近乎老生常谈，我就从来没有忘记。因此，当“愉快”敲门时，我们应该敞开大门欢迎，它从来不会在不合时宜的时候来到的。我们不愿敞开大门欢迎“愉快”，反而顾忌重重，考虑是否要让自己开心；我们不轻易让自己“心满意足”，之后又怕心情愉快会影响到严肃的思考或是重大关怀。开心是直接而立即的收获，它好像是幸福的现金，不像其他的福分只是支票，只有它可以使我们在此刻立即快乐，我们的生存不过是在两个永恒之间所占据的无限短的一瞬。把握和促进这样的愉快感，应是我们努力追求幸福的最高目标。

我们敢说，最无助于愉快的是钱财，而最能促进愉快的是健康。在脸上能见到愉快和满足之情的，不就是那些较下阶级，所谓劳工阶级，特别是在乡下生活的人们吗？在富有的上等人士的脸上，不是充满忧虑烦恼吗？因此，我们应该尽力维持良好的健康，愉快就是健康绽放的花朵。我们应该做些什么以维持健康？像避免任何种类的过度，免除剧烈而不愉快的情绪，不可过分思想，每日做户外运动，洗冷水澡等合乎卫生的措施，实在用不着我唠叨。每日没有适当分量的运动，没有人能保持健康。生命的所有过程，都要求做运动，以使各种功能正常运作，不仅比较直接和有关的肢体要运动，而且是全身都要运动。亚里士多德说得好，“生命在于运动”，运动是生命的真义。人体的每一部分都不停而快速地运转，心脏在一收一张的重复中有力而不倦地跳动，每跳动28次，它就会使体内所有的血液流经动脉、静脉和微血管；人肺像蒸汽机一样，不断地抽动；大小肠总是在蠕动；腺体无时无刻不在吸取原料和分泌物质；甚至大脑也随着脉搏的每次跳动和我们的每一呼吸，有它自身的加倍运作。有些人完全没有运动（许多终生伏案工作的人就是这样），其表面的静止和体内的骚动之间，存在着有损健康的显著的不当。体内这些不停的运动，需要一些外在的动作配合，没有运动就好像是在压抑情绪一样，连树木要长得好都需要风的摇动。这种情形用拉丁文简洁地说出就是：omnis motus, quo celerior, eo magis motus（运动愈快，它就愈是运动）。

我们的快乐如何依靠我们的情绪，我们的情绪又怎样仰赖我们的健康状态，可以用同一外在情景或事件，分别在我们心情好坏之时所造成的影响予以比较而看出。使得我们是否快乐的，不是事物的客观性质或本身，而是它们对于我们的影响是什么，在我们看来是怎样。这就是爱比克泰德（Epictetus）所说的，“事物不影响人，是我们对事物的想法影响我们”。一般来说，我们的快乐十之八九都依靠健康。有了健康，每一件事都令人高兴；没有健康，任何事物都不可能让人喜悦；甚至是其他的福分——伟大的心灵，乐观的性格，都因为没有健康而变质和退化。所以两个人一见面，彼此首先问安，表达祝愿，实在有道理，良好的健康毕竟是人生幸福的最重要的因素。从这些我们可以看出，为其他福分——财物、晋升、学问或名誉，更别说为了一时的感官享受，而不惜牺牲健康，是最最愚蠢的事。任何事物都应该搁放在健康的考虑之后。

尽管健康对于心情愉快帮助极大，而后者是构成我们幸福所必需，但心情愉快并不完全依赖健康，因为有人可能身体百分之百健全，而仍然性情忧郁，整日愁思不已。它最主要的原因无疑是出于天性和体质，尤其是我们的敏感性跟体力和精力的一般关系。异常的敏感会产生不平衡的心绪，一种过分的抑郁，而不时爆发为无可压抑的意气洋洋。天才就是神经作用或敏感性过分的人，亚里士多德说得非常对，“在哲学、政治学、诗或艺术界杰出的人，大多看来性情忧郁”。西塞罗常被引述的一句话这么说，“亚里士多德说，天才都是忧郁的”，无疑是想到亚里士多德的这一番话。

柏拉图把人分成两类，一类是性情开朗的人，一类是个性郁悒的人。他指出，不同的人对于快乐和痛苦的印象，显出不同程度的感受性，有人感到失望的事，另一人会一笑置之。一般而言，对于痛苦的印象具有的感受性愈为强烈，他对于快乐的感受性就相对低弱，反之亦然。对于一件可能转好或转坏的事情，如果这事变得不利，个性郁悒的人会懊恼或悲伤；如果变得有利，他也不会高兴。另一方面，性情开朗的人对于不利的问题，既不忧虑也不会不安；如果转为有利，就会大喜。事情十有九件成功，前者不会高兴，反而为一事未成而烦心；后者如有一事成功，就能找到慰藉，保持开心。然而真相还有另一面，凡事有弊必有其利。对于个性郁悒也就是忧愁不安的人所需克服的不幸和痛苦，总的说来，多是想象的，并非实有其事；而开朗、漫不经心的人所遇到的，大不相同。一个悲观的人，对事情总往最坏处想，并采取相应措施，在这个世界就不会那么失望；凡事总往光明一面看的人就不同。当内心本有忧郁的倾向，若神经系统或消化器官出毛病，这一倾向可能会变为长期的不适，进而导致对人生产生一种厌倦感，自杀的趋向因此而出现，甚至最微小的事故就会触发自杀。的确，当这种趋向进入最严重的情况时，由于他长时期不快乐，根本无须特别事故发生，有人就可能想到一死了之，就那么冷静地、坚定地执行自己的决心。这些病患者一般都需要人监视，从他们一旦趁人未防范就丝毫不畏缩、不挣扎地利用各种方法自尽，我们就可以看出真相。即使最健康的人，甚至是最开朗的人，在若干情景之下，也可能想到以死解脱。假如他所受的痛苦，或是恐惧某一不可避免的不幸，到达相当程度，就超出对死亡的恐惧。其间的不同只是所需要的受苦程度而已——开朗的人感受度比较高，抑郁的人比较低。愈为忧郁，所需程度愈低；到最后，可到达零度。一个开朗的人，健康良好，一定要很高度的痛苦才会引起自杀。在导致自杀的这两个极端里，一端只是由于内心忧郁的病态，一端是自杀者身心健康、完全出于客观理由，其间都各含有无数不同的程度。

美貌在一定程度上也跟健康有关。生得漂亮的人可说占尽好处；虽然正确地说，它不能直接地促进我们的快乐。美貌对促进快乐是间接的，是因为它能予人好感；它带来的好处不少，即使是对于男人。生得漂亮是一封公开的推荐信，让人立即喜欢推荐信的持有者。荷马（《伊利亚特》，III. 65）的诗句特别适合这里：

神的至上礼物不可藐视，
这馈赠，无人能随意获得。

略加考察就会知道，人生快乐的两大仇敌是痛苦和烦闷。我们可以进一步说，要是我们够运气能离开一个仇敌，我们就按照离开它多少，而接近另一个仇敌。事实上，人生的过程就似乎是在这两者之间的剧烈摆动。理由是，其一端与另一端彼此呈现双重的对立，即外在或客观，内在或主观。困境和贫穷产生痛苦，富裕又使人烦闷，于是乎，低下阶层为贫困也就是为痛苦作不断斗争之时，上层阶级却时常跟烦闷奋力而战。[①] 我们对痛苦的感受力，跟我们对烦闷的感受力成反比，而由于心智能力跟感受力直接成正比，我们内在的或主观的对立便由此而产生。现在解释如下：所谓迟钝，一般而言，是跟迟钝感觉相关联的，也就是说，各种刺激对其神经影响不大，这样的性情对于痛苦或忧虑感觉不强烈。心智的迟钝，说到底，只不过是在许多人脸上所呈现出的“心灵的空虚”，这一心理状态，从人们对外界的鸡毛蒜皮之琐事都不断热切地关注可以看出。这空虚就是烦闷的真正来源，它总是渴望外界的刺激，冀使心灵获得借口而有所排遣。因此，在刺激的选择这方面，人们并不挑剔，这从人们所诉求的消遣的可怜方式，他们社交和谈话的性质，还有他们在门口闲谈或从窗口张望，处处都可以证明。主要就是因为这种内在的心灵空虚，人们寻求各种社交、消遣、娱乐、享受，终而导致荒唐与困厄。对付这些困厄的最佳保证，是心灵的财富，因为人们的心灵财富愈多，愈是没有烦闷的空间。而思想活动是永不枯竭的！在自我和自然的千百现象中尽有新的可资应用的题材，更可以把它们构成新的结合——除了休闲的片刻之外，我们的心灵随时都可得到激励，“烦闷”是无法跟它高攀的。

但在另一方面，这种高度的智力深植于高度的感受性、更大

① 游牧生活是文明的最低下状态，可在游客（代表最高级的有闲阶级）身上找到对应的情况。前者因贫苦而产生，后者是为了补救生活上的烦闷。

的意志力和更大的热情，从这些素质的结合中，人们就有更大的能力孕育感情、感受身心痛苦，更有耐心对付障碍，更加憎恨阻挠——所有这些倾向会由于想象的力量、各种（包括不愉快的）思想的生动性而进一步获得增强。以上所讨论的人性特质，适用于任何人，从下下愚到上上智都是如此，只是程度不同罢了。因此，不管是从主观或客观方面而言，我们要是接近人生苦难的来源之一，我们就远离另一苦难。这样，我们的天性会导致我们促使客观世界尽可能地符合主观的要求；也就是说，我们会采取最大的措施，避免我们最可能遭受的苦难。聪明人首先要争取的是免于痛苦和烦恼，能得安静、闲暇，也就是一种平静朴实、不受干扰的生活。因此，他对“世人”略有认识之后，会选择不求闻达，如果他具有大才智，甚至会过独居的生活。一个人的内心愈为充实，他对其他人的需要就愈少，其他人愈不能替他做什么。这就是为什么高度的智慧，会使人不合群。当然，如果智慧的“质”能由“量”弥补，那还值得在这个大千世界过日子，不幸的是，一百个愚人抵不上一个聪明人。

一般人一旦免于贫困的痛苦，便不惜一切要消遣，要找友伴，逢人就能交往，唯恐只是单独一人。因为独处时，每个人只能靠自己，个人的自身条件便显露出来。可怜的个性是人的终身负担，愚人纵然是出身显贵，仍然会被他的个性所累，而有才智的人因为充满生动之思想，能使荒地似若充满人群。塞涅卡（Seneca）说的“愚蠢就是负累”，实在是至理名言，可以跟《圣经 · 德训篇》（*Ecclesiasticus*, XXII.11）中的一句话“愚人的生命远逊于死亡”加以比较。一般来说，有人喜欢结交朋友，就因为他智慧低下，个性随俗。我们在这世界的选择，很难超出一端是独处，另一端是庸俗、随波逐流。我记得在一份法文报纸上读过，北美有些黑人最爱一大群人聚集在小块地方，因为他们就是喜欢彼此为伴。

头脑可以认为是生命体的寄生物，它好像是寄居于身体的福利领取者。得之不易的闲暇让人能享受自己的意识和个性，是人体所有其他部分辛勤劳苦的成果。但大部分人的闲暇能产生什么呢？——除了正在寻欢作乐或是做傻事之时，只是感到厌烦和无趣。这些闲暇的价值太少，可以从大家如何打发闲暇看出，一如阿里奥斯托（Ariosto）所说，愚蠢人的空闲时刻是多么可悲啊！一般人只想如何“消磨”时间，有点才智的人是尽量如何“利用”时间。才智有限的人易感烦闷，是因为他们的才智只是意志的动力的工具。当没有特别的事情需要让意志发生作用的时候，意志就休息，有些人的才智随之放假。他们的才智跟意志一样，需要外因来发动，其结果就是人的各种能力的可怕的停滞——简言之，烦闷。为了对付这种可悲的感觉，人们争相从事仅可欢娱一时的琐事，希望这样可以让意志起作用，从而得以运用智能，因为完成意志之动机的是智能。跟自然的真正动机相比，这些动机只是纸币和银币的关系，因为前者的价值是随意指定的——纸牌和麻将牌等，就是为着达到这样的目的而发明的。一个人无所事事之时，可能玩弄手指，敲打任何东西，甚至拿着一支雪茄烟也好，以代替运用大脑。因此，在各个国家中，玩牌都是社会上的主要消遣，它可以衡量社会的价值观，也是思想破产的表象。因为人们没有思想可以把玩，他们就玩牌，都想赢对方的钱。真傻！为了做到公平，且让我谈一谈玩牌的好处：它能够让人学习世故，如何蝇营狗苟，怎样能巧妙对付由机运决定而不可改变的情况（例如，刚拿到的一手牌），这就是尽力为之，必须学一些伪装，情况恶劣时脸上还堆满笑容。但在另一方面，正因为是这样，玩牌肯定使人玩物丧志，因为它的整个目的就是运用各种伎俩和计谋，去赢得别人的钱。在牌桌上学到的这些习惯，就会深植而且进入实际的生活中。在每日的事务中，人们逐渐把真实人生看作牌局，觉得可以无所顾忌地运用优势，只要不逾越法律的范围。我这里所说的要点，在商界中每日可见。闲暇是生存的花朵和成果，它让人能掌握自己，具有真才实学的人有福了。但大部分的人能从闲暇中得到什么呢？——只成为一个无用的家伙，感到烦闷，不知如何是好。因此，兄弟姐妹们，高兴吧，因为“我们不是女奴的孩子，而是自由民的儿女”。

进一步说，正如不需要进口或是很少需要进口的国土是富足的，具有足够的内在财富而无须他人帮助或所需他人帮助不多的人，就是最快乐的。进口物品昂贵，显出需要依赖他人，还带来危险和麻烦，而说到底，终归不如本国货。我们不应该对别人期望过多，或是一般地不对外在的世界寄予太多的厚望。一个人对另一人的助益是有限的，到最后每人都需要独立自持，重要的是能独立生存。歌德在《诗与真理》（第 3 卷）中说过，“对于每一件事，大家毕竟都要靠自己”。这一道理可以在此处引用。哥尔德斯密斯（Goldsmith）在《旅行者》中也说：

我们若要制造或寻求幸福，
无处不需要依赖自己。

“自己”是人的可能发展和有所成就的最佳与最大的来源。愈是有这样的认识，人愈是多在自身寻求欢乐的源头，他愈是快乐。亚里士多德说得真对，“做到自足就是快乐”。快乐的所有其他来源，按其性质来说，都是最不确定的、不可靠的、易逝的、任凭机会的；即使是在最为有利的情况中，其他来源都可能一下子用尽，这不但不能避免，而且也不是一定可以到手。到老年，下面这几项快乐的来源大多会枯竭：热爱、机智会消失，旅行的意欲会减退，不再那么喜好马或喜欢社交，亲友也逐渐死去。那时候我们更要依赖内在的财富，只有内在的财富会长久地跟随我们，在人生的任何阶段，它是唯一真正而持久的快乐来源。我们从外在世界所能获得的东西很有限。外在世界充满悲哀和痛苦，我们要是离得开那些，烦闷又在各处等待我们。不仅如此，邪恶一般都占尽上风，愚蠢的叫闹声最为洪亮。命运是残酷的，人类是可怜的。在这样的一个世界中，内在丰富的人好比圣诞节时的一间明亮、温暖、充满快乐的屋子，而外边是结冰下雪的隆冬夜晚。毫无疑问，世上最快乐的命运在于具有个性丰盈的珍贵禀赋，而更为特别的是具有可羡的才智，这是最幸福的命运，虽然可能不是最光辉璀璨的人生。瑞典女王克里斯蒂娜（Queen Christina）在 19 岁的时候，笛卡儿已经在荷兰度过了 20 年严格的静修生活。她除了听到的有关笛卡尔的报告之外，对笛卡儿的认识只限于一篇文章，她当时谈到笛卡尔的一句话，颇显出高度和智慧，她说："笛卡儿先生是最幸福的人，他的一生似乎最值得我们羡慕。"当然，外在的环境一定需要相当有利，才可让人掌握自己的生活和幸福，笛卡儿的情形就是这样；或者，像我们在《传道书》（VII.11）中所读到的一样，"有智慧加上家业更好，见天日的人得智慧更为有益"。获得上天和命运所赋予智慧的人，将会热切而小心地维持开放内在的快乐泉源，要做到这些，独立和闲暇是需要的。要获得独立和闲暇，他会自愿节制欲望，珍藏他的资源。因为他不像别人，他的快乐不只限于外在的世界，这就使他更克制而谨慎。因此，他不会为了官位、金钱，或是他人的好处和赞许，而出卖自己以迎合低级意欲和粗俗品位。在这种情况下，他会遵从霍勒斯在信中给米西纳斯（Maecenas，或译作“梅塞纳斯”）的劝告：为“外我”而牺牲“内我”，也就是为了光辉、官职、排场、头衔和荣誉而放弃个人全部或部分的安闲与自主，是莫大的愚蠢。歌德竟然这么做了，幸运拉我往另一方向发展。

我在这里所强调的真理——人生的幸福主要来自内心，得到亚里士多德所做出最为正确的观察的确认。亚里士多德在《尼各马可伦理学》（I.7）中说：“每一乐趣都必须先要进行某种活动，也就是先要运用某些能力，做不到这些，乐趣不可能存在。”亚里士多德主张，人的快乐幸福在于自由运用自己的最大才智（VII. 13, 14）。斯托拜乌斯（Stobaeus）在阐释逍遥学派的哲学时，也说出同样的话：“快乐幸福就是努力地做自己要做的工作，达到所期望的结果。”他解释说，“有力”就是能掌握有关问题和技术（*Eclogae ethicae*，第2卷第7章）。上天所赋予人的那些能力，原先的目的是让他跟大自然的困难搏斗。但如果无须做这样的搏斗，未能使用的能力或精力倒变成人的负担，因而我们就得用工作或玩耍消耗精力，其目的只是为了避免生活烦闷的痛苦。感到烦闷的最大受害者是有钱的上层人士，古罗马诗人及哲学家卢克莱修（Lucretius）曾经描写那些人的可怜景象，其真义仍然可在今日的每个大都市的生活中见到：

> 有闲的富人很少待在家里，
> 因为他们在家感到烦闷，
> 他还是回家，因为外边并不更好；
> 要不然匆匆地赶往乡间的邸宅，
> 好像那边的房子着了火一样；
> 他一到达那边，又觉得烦闷，

只好试想在睡梦中忘记一切，
或者又匆匆赶回城里。
(Ⅲ.1060—7)

年轻时，那些人都必然是体力充沛，精力旺盛，只是体力和精力跟心智能力有所不同，无法长时期维持高峰状态；到后来，那些绅士淑女或是缺乏心智能力，或是心智能力未能获得发展，或是未能储存材料让心智能力有所作为，他们的困境是可悲的。然而，他们仍旧保有意志，因为只有意志力是不会枯竭的，他们于是用极度激情，例如输赢巨大而必然会令人堕落的赌博，来刺激他们的意志。一般而言，人要是无所事事，他一定会选择适合他能力的娱乐——打球，下棋，狩猎，绘画，跑马，搞音乐，玩牌，作诗，研究宗谱、哲学或是其他业余嗜好。我们可以有条理地把这些兴趣分别划归为人体的三大基本能力；然后，纯然就这些能力本身所能给予人的三类可能的乐趣来源（我们都根据自己的专长寻求乐趣），不涉及它们可能完成的一定目标而加以考虑，所得结果简述如下：

第一类是维持和满足“生命力”，诸如从食物、饮料、消化、休息和睡眠所得来的乐趣，世界上有若干种族就以这些作为他们典型的和民族性的乐趣。第二类是从“体力”得来的乐趣，这些包括步行、跑步、摔跤、跳舞、斗剑、骑马以及类似的体能活动，有的当作运动，有的成为军事生活或真实战争的一部分。第三类是满足“感受力”或感性所得来的乐趣，包括观察、思考、体验、欣赏诗文或音乐、学习新事物、阅读、静修、从事发明、搞哲学等等。有关这些各类乐趣的价值、相对的作用和时间的长短，可加说明之处很多，我想让读者自己补充。但是大家都晓得，我们所运用的能力愈为高尚，它所给我们的乐趣就愈大，因为乐趣总是涉及我们如何运用能力，而"快乐"就在于"乐趣"不断地重复。在这方面，感性所带来的乐趣，无疑地会超过其他基本的两类；其他两类在畜生中同样存在，甚至更为显著，让我们跟其他动物有所区别的就是这独特的感性。我们的智力包括感性的各种形式，充足的感性使我们能享有心智方面的乐趣，即所谓"知性的乐趣"，感性愈为充分，乐趣就愈大。

让一般人感兴趣的事，也就是跟个人利害有关的事，只是能刺激自己的意志。经常去刺激意志，怎么说都不一定是好事，换言之，它牵涉痛苦。玩牌是各处"高尚社会"的普遍消遣，是提供这一类刺激的工具，因为涉及的刺激甚小，所造成的痛苦不大而短暂，并非真实而永久。事实上，玩牌只是跟意志搔痒罢了。

在另一方面，智力高超的人有能力对纯粹是"知识"、跟"意志"无关的事物感到浓厚的兴趣。不但如此，这类的兴趣对他是必需的，这可以让他生活于无痛苦、十足是神仙安居的境界中。于是我们见到两种景象——一般大众的生涯，全力地为个人的微小利益、为所有不幸，作长期无奈的争斗和努力；一旦这些目的达到，略能返回自我，又为无法忍受的烦闷所包围，这时唯有靠激情的野火才可以使自己再度振作。在另一边，我们见到智慧高超的人，他的生命具有丰富的思想，生活充实而有意义，自身具备高贵的快乐源头，一旦能摆脱俗务，便为有价值和有趣的事情忙碌。他所需要的外界的激励，大多源于自然的现象，对人生事物的思考，以及古今中外伟人的事功，这一切只有这类的优异分子能充分欣赏、理解和同情。只因为有这类的优异分子，那些伟人才真正地生活过；由于这类优异分子，那些伟人才被看成是伟大的。对于那些伟人及其追随者，其他的人只是道听途说、一知半解。当然，睿智人士的这一特点意味着他比其他人多一层需要，他需要阅读、观察、研究、沉思、练习，总之，他需要不受打扰的空闲时间。伏尔泰说得好，“没有真正需要，就没有真正乐趣”。自然、艺术和文学的不同之趣味之所以为那些人欣赏，而跟另一些人无缘，就是因为前者有这些需要。把这些乐趣奉送给无此需要也不会欣赏的人，好比期望白发苍苍的老朽沉溺于热恋一般。具有这些天赋的人生活于两个生命之中，一个是自身的生命，一个是才智的生命；后一生命而且会逐渐被看作真实的生命，前一生命只是当作导致才智生命的手段而已。其他人则把这肤浅、空虚而充满困难的生存（自身的生命）当作生命的目的。智者会让才智的生命获得优待。由于洞察力和知识的不断增长，有才智的生命就像缓慢形成的艺术品一样，它需要持之以恒、长久的强烈感情和一种愈来愈完整的同一性；与这一生命相比，专注于达成自身安乐的生命，纵然范围可以加宽，但绝无法深刻化，毕竟只是拙劣的表演。然而，一般人把这类卑下的生存当作生命的目的。

一般日常的生活，如果没有激情的推动，是烦闷、了无生趣的；若是有激情推动，不久就变为痛苦。上天赋之以充分智慧、能独处领略其快乐的人，除了执行其意志的命令以外，他们还有一些别的天分，让他们可以额外地拥有才智的生命。仅仅是闲暇，也就是才智无须为意志服务，并非就是充分的，那些无须为意志服务的力量必须真正的丰沛，让它能专门从事劳心的活动。反过来说，“无光彩的闲暇是一种死亡，是活人被埋”。［塞涅卡，《书文集》（*Epistulae*），82］根据丰沛的分量的不同，第二种生命——心智的生命，会有无数的发展，它可能只是收集和标记昆虫、鸟、矿物、钱币，或者是文学和哲学上的最高成就。心灵的生活不但能防止烦闷，还能抵御烦闷的诸多恶果，它使我们不结交坏伴侣，远离危险、厄运、损失、奢华和那些把快乐完全置之于外在世界的人将必然遭遇到的不幸。举例而言，我研究哲学并未为我带来半块钱，但它让我节省了许多花费。

一般人把毕生的幸福置之于自身以外，他们把幸福寄托在财产、地位、配偶和孩子、朋友、社团等上面，一旦那些身外之物有所丧失或令人失望，他们的幸福基础就被毁了。换言之，这些人的重心不在自己，愿望和幻想每有变动，他们的重心也会变动。如果他有钱，他今天的快乐是乡间的别墅，另一天是买马，或欢宴朋友，或是旅行，总之，一生享尽荣华，理由是他在自身之外寻求乐趣。像一个失去健康的人，他试图用补品和药物来恢复健康，而不想发展自身的生命力，也就是未顾及他失去健康的真正来由。在我们讨论相反的一个类型的人之前，让我们比较在这两者之间的一种普通型的人，这些人不一定是智质特优，但也超出一般的智商。他可能爱好文艺，或专心留意某门科学，例如生物学，或是物理学、天文学、历史，并且对这些学科抱有兴趣，当得到快乐的外在来源缺乏或是不能满足他的时候，他能在这些学科中找到趣味。对于这一类的人，他的重心可说部分在自身之中。但是，对文艺的爱好跟创作的活动很不相同，业余性地钻研科学，容易流于表面，无法进入问题的核心。人不可能把这些文艺或学术兴趣当作专业，或是整个生存就以这些活动为中心，而对其他都失去兴趣。只有那些智慧力最高、我们称作“天才”的，能达到那么强烈的程度，会整个地、绝对地把存在和事物的本质当作主题，用来表达个人对这个世界的独特观念，无论是经由文学或哲学，而对人生有所探讨。因此，让这些人能优游自在，他们的思想和工作不受侵扰，是极有需要的。他们欢迎独处，把闲暇看作至善，其他都不需要，甚至当作负累。

只有这类的人，他们的重心完全在自身之中。这就能解释为什么这些人——这些人很少——不管他们的性格多么美好，对于朋友、家人及周围的一般人，总不像其他人那样的热切和充满兴趣。因为只要他们拥有自己，即使丧失其他的一切，也不无安慰。这就使他们的个性趋于孤立，因为其他人的性格与他们大不相同，从来不能真正地让他们感到满足，孤立就愈见其效果；而且，因为他们时时感到这种区别，他们就逐渐习惯于在人类中以“怪物”自居，这些人一想到人类，就说是“他们”，不说是“我们”。

因此，我们的结论是，上天赋予其充分智慧的人，是最快乐的人，所以主观因素比客观条件对我们的关系更为密切；客观条件无论是哪种，对我们的作用是间接的、次要的，而且是必须经由主观因素才得着落——这一真理，琉善(Lucian，或译“卢奇安”)表达得最好：

> 心灵的内在财富是真正财富；
> 其他一切都可能弊多于利。
>
> （《警言：12》）

具有内在财富的人，除了“不受打扰的闲暇”这一消极的礼物之外，并不需要外界的什么帮助，就能发展自己的聪明才智，使之开花结果，也就是他得以享用自己的财富。总之，他需要在一生中的每天每时，都能够保持“真我”。如果他有天分给全人类留下他的独特思想，那么只有一个准绳决定他是否快乐——他能否充分发展他的才智，完成他的作品，其他都不重要。因此，古今的伟大人物，都把不受打扰的闲暇，看作跟自身同样有价值。亚里士多德说“快乐存在于闲暇中”（《尼各马可伦理学》，X.7）；

第欧根尼·拉尔修也提及，“苏格拉底赞扬闲暇是最公平的财富”。于是，在《尼各马可伦理学》中，亚里士多德下结论说，知天乐命的生活是最快乐的；或者，像他在《政治学》（IV.11）中所说的，“能够自由运用力量，不管是何种力量，就是快乐”。这也跟歌德在《威廉 · 迈斯特》中所说的相符合：“生来具有某才华而有意施展的人，最快乐的事就在于使用他的才华。”

但不受打扰的闲暇，并不是大家都可能拥有的；不，它根本是跟人的天命相抵触，因为一般人的命运是为个人糊口和家庭生计而终其一生，他是贫困、需要奋斗、并非才智驰骋的天之骄子。一般人对不受扰的闲暇，不多久就感到烦闷，要是没有设想的或必然的目标，例如各种游戏、消遣和嗜好把闲暇占据，闲暇立即变成负累。因为这样，闲暇是极可能充满危险的，所谓“人无事可做时，很难保持安静”。在另一方面，超越普通人的那份智慧不但是不自然，而且是反常的。但如果它的确存在，而且具有那份智慧的人能够获得快乐，那人需要的就是别人发现是负担或是危险的“不受扰的闲暇”；没有闲暇，好比飞马神被全副挽具牢牢地捆绑着，他是不会快乐的。如果不受扰的闲暇和大才智，这两种不寻常的外在和内在条件都碰巧发生在一个人身上，那将是极大的幸事；如果命运如此有利，人就能过着高层生活，不受人生的两大相对的苦源（痛苦和烦闷）所侵扰，一方面不必为生存而作痛苦的挣扎，一方面又有能力承受闲暇（“闲暇”就是自由存在的本身）。人们要逃避这两重不幸，唯有让它们彼此抵消。

与上面看法相反的观点，也应该谈论一下。伟大的天分意味着一种性质很是敏锐的活动，也就是对每一种痛苦都特别敏感。而且，这种天分含有极为强烈的性情，观念范围大而生动，这就使得拥有者在情绪上相应地也很强烈，其超出一般人的程度简直是无从比较的。在这世界上，能导致痛苦的事物，比之能产生快乐的事物要多得多。天分高使得天分高的人容易跟他人和他人的所作所为疏远，因为天分愈高的人，所能发现他人的天分就愈少，他人喜欢的各种事物，他都觉得肤浅无趣。到处可以感觉到的“补偿律”，也许在这里可以找到另外一个例子。这是我们时常听到的，说来也不无道理，那就是：才智有限的人说到底是最为幸福的，虽然他的命运并不值得羡慕。有关这一点，我不想预先影响读者的判断，尤其是苏格拉底就说过两个极为相反的意见：

才智构成幸福的主要部分。

(Antigone, 1328)

另一句是：

最适意的人生在于缺乏才智。

(Ajax, 550)

《旧约》的作者们也处于同样的矛盾之中：

愚人的生命比死亡还不如。

（《德训篇》12, 12)

还有——

智慧愈多，忧伤也愈多；

增加知识，就是增加忧愁。

（《传道书》1.18）

但是，我可以这么说，才智平庸、只是一般天分的人，不觉得在智慧上有什么欠缺，严格地说，尽可以把他叫作“非利士人”——这一用法为德语所特有，它先在德国大学中流行，后来加以引申，获得高一层的意义，原义未变，指一个没有文艺涵养的人。非利士人永远是指被文艺女神缪斯抛弃的人。我喜欢较为高一层的观点，把非利士人用来指“终日孜孜于实务而未能掌握实际的人”。但这样的定义趋于虚悬，一般人不易明白，不适合本著作力求大众化的目的。另一个定义比较容易解释清楚，而且能令人满意，那就是指出可以分辨非利士人的所有基本特征，这种人可界定为“一个在心智上没有需求的人”。从这里出发，首先谈“有关自身”这一方面。这种人不能享受心灵上的乐趣。前面说过，没有真正需要，就没有真正乐趣。非利士人并非纯然为了求知而努力去获得知识和见解，也不是为了领略有关审美的乐趣而去体验生活；如果这类的乐趣合乎时尚，非利士人会勉强自己多予注意，但尽量不让自己感兴趣。他真正的乐趣是得自感官之类的，他认为这些可补偿他在其他方面的损失。对于他而言，蚝和香槟是最上级的生存，人生的目的就是获得有助于身体福祉的实物，若是其过程稍稍给他一些困难，他就真是快乐无比了。如果生活上的奢侈品拚命地往他身上堆，他终归会感到烦闷的，对付烦闷他就有许多设想出来的办法，诸如跳舞、看戏、应酬、打牌、赌博、跑马、找异性、喝酒、旅行等等。所有这些都不可能不让人厌倦，因为既然没有心智上的需要，就没有心智上的乐趣可言。非利士人的特质是枯燥无味而煞有介事，类似动物的那种。没有东西能真正地讨好他、刺激他，使他感兴趣，因为感官上的乐趣很快就玩到尽头，非利士人的会所不久就变成负累，连玩牌也可能令人厌倦。当然，虚荣的快感还是有的，这种快意可由自己挑选怎样享受，他可以在财富、地位、权势方面觉得自己优越，因为有人给他面子；或者，还能够结交真正有头有脸的人物，分享人家的光彩——做个英国人所谓的“势利鬼（snob）”。

从刚才谈过的非利士人的基本特性，我们可以推断出他在“对待其他人”那方面是怎么做的，因为非利士人没有心智上的需求，只有身体上的需求，他会结交能满足他后一需求的朋辈，不会寻找另一类友伴。他对朋友的要求之中最无所谓的是“才智”。如果他遇到有才智的人，他会感到厌恶甚至痛恨，这纯粹是因为除了不舒服的自卑感之外，他还在内心感到连自己也要隐瞒的莫名的妒忌，有时这妒忌更进而转变为私下的怨愤。尽管这样，他从来没想到要把自己有价值的思想加以整理，让它符合那些标准；他会继续重视地位、金钱和权势，这些是他眼中唯有的真正的利益，他的愿望是自己能在这方面出人头地。这一切都起源于他“没有心智上的需求”。所有非利士人的最大痛苦是他们对“理念”没有兴趣，为了逃避烦闷，他们不断地需要“实质”来填补。实质或是不能令人满意，或是充满危险，一旦他们对实质也失去兴趣，不免变为疲惫不堪。然而，理念的世界是无垠而平静的，它远离人世的一切忧伤和烦扰。

在讨论个人的品质如何能增进幸福这方面，我主要是集中在人的身体和智能的部分。有关“德行”直接对幸福的影响，请参看我曾获奖的著作《论道德的基础》第 22 节。

第三章

人的所有

It is natural and even inevitable for people to love money which, like an unwearied Proteus,is always ready to turn itself into whatever object their wandering wishes or manifold desires may for the moment fix upon.

人们爱财是自然的，甚至是必然的，钱财像永不疲乏的变形海神，人们不管有什么意愿或欲望，一时间决定要什么，它总是能立刻变成什么。

幸福研究大师伊壁鸠鲁把人类的需求分成三类，他的区分很是正确。首先是自然而必要的需求，例如食和衣，如果不能满足，便会导致痛苦，这类需要很容易得到满足。第二类的需求虽然合乎自然，但并非必要的，例如满足我们的性欲。我要补充的是，在第欧根尼·拉尔修的记述中，伊壁鸠鲁并没有说明是满足哪些感官，因此我在这里所叙述的他的主张，比原文更为确定。这些需求比较难于满足。第三类需求既非自然也非必要，这些需求包括奢侈、挥霍、讲究排场和炫耀，这是没完没了的，非常难于满足。

要使用理性把我们对财富的欲求定出界限，纵然可以做到，也是非常困难的，因为没有一个绝对的或确定的财产数字，能拿来满足每一个人。这数字永远是相对的，只是在他“所求”和他“所得”之间维持一个比例。要衡量一个人的幸福，完全依靠他得到什么，而不同时知道他希望要得到什么，就好比只知道一个分子式的分子，不知道分母，而想得出它的数值，是那样的徒劳无功。一个人若是对某些东西并无希求，决不会觉得有所缺失，没有那些东西，他照样快乐；另一人比他多一百倍财物，只要有一件他要的东西没有得到，便会苦不堪言。事实上，在这方面也一样，每个人有自己的地平线，他所期望的只是他觉得他可能得到的。在他的地平线之内的一件东西，如果他认为有信心可以得到，他会快乐；其间要是发生阻难，他觉得痛苦。在他地平线之外的东西，对他没有影响。因此，富人的巨大财富不会使穷人激动；倒过来说，富者如果希望破灭，他的既有财产不能让他得到安慰。我们可以说，财富好比海水，你愈喝得多，你愈口渴；名声也是一样。损失财富让人悲痛，但随后会恢复以前的心态，理由是，命运让他的财富减少，他对权利的要求也随之减少。但当不幸降临之际，要我们减少对权利的要求，是最为痛苦的；我们一旦接受现实，痛苦便逐渐减少，到后来不再感到痛苦，像一个痊愈的老伤口。反之，幸运到临，我们对权利的要求愈来愈高，没有制约，这种扩展感会给人带来欣喜。但这欣喜只是跟扩展的过程一般长久，一旦扩展完毕，这欣喜也就停止——人们习惯于增加要求，因而对于眼前能够满足自己的财富量感到淡漠。《奥德赛》之中有一段文字说明了这种情况，我现在引录最后两行：

> 世间之人的想法和感受，
> 仍如众生之父所赐予的日子。

当我们无力增加财富，却不断要求财富有所增加，不满之情便油然而生了。

只要想想世界如此贫困，人类的需求如此之多，而我们的整个生存都离不开这些需求，这就怪不得“财富”所得到的尊崇，超出世界上任何其他东西了。把赚钱看作是人生唯一的目的，叫不赚钱的事物都让路或扔掉——例如哲学被哲学家抛弃，我们就不必惊讶。人们做发财梦，或是太爱财，往往受到责备；但人们爱财是自然的，甚至是必然的，钱财像永不疲乏的变形海神，人们不管有什么意愿或欲望，一时间决定要什么，它就立刻变成什么。其他任何东西只能满足“一项”希求或“一项”需要：食物只能充饥，酒需要有酒量的人去欣赏，药物只能治病，裘皮只能冬天穿，爱情宜于青年，等等。这些东西只是相对的美好，但金钱是绝对的美好，因为它不仅能实际地满足某一特殊需要，它还能抽象地满足一切的需要。

若有一笔足以自给的钱财，我们应该把它看作对抗祸害和不幸的屏障，我们不应该把它看作能够让我们在这世界寻欢作乐的凭证，或是认为有钱就该那么花用。本非生于富豪之家，只是凭自己的天资而成为有钱人，几乎都会认为自己的天资就是永久资本，自己所赚的钱只是凭本金得来的利润。他们不把收入拨开一部分作为永久资本，赚多少就花多少，这样下去，他们大多陷入贫困：他们收入减少，或者根本不再有收入，他们或是因为江郎才尽——艺术界就往往如此；或是时过境迁，无以施展才华。靠手艺和气力谋生的人也可能那么花钱，可因为他们的谋生能力不容易消失，而且能由同行弥补；更重要的是，他们的本事大受欢迎，正应验了一句俗话，“入行得当，如得金矿”。但对于艺术家和各种专业人员来说，情形就不同，这也是他们待遇好的理由。他们应该从收入中建立一笔本金，但是他们冒失地把收入看作利润，结果是走上绝路。在另一方面，继承财产的人至少能分辨本金和利润，他们大多数人会千方百计把本金保住，不动用它；如果可能，他们还会留下最少八分之一的利润，当作紧急开支，因此，他们大多数能维持其地位。这些讨论本金和利润的话，并不适用于商界，因为商人把钱看作是赚钱的多多益善的手段，好像工人对待工具一般，即使本金全是他们努力的结果，但他们还会利用本金来保持和增加本金。这样看来，财富在商界好似鱼在水中。

人们一般的发现是，经历过贫困的人比较不怕贫困，因而比之那些生于富贵人家、对穷苦无亲身经验的人，容易趋于挥霍奢侈。自小环境良好的人，一般都对未来谨慎小心，比那些突然暴富的人较为节俭。这似乎是说，贫穷从远处看来，并不是那么可怕。真正的理由却是，生来就有钱的人，已经把钱等同空气，没有它不能过活，他牢牢地看着钱，像保护生命一样。这种人通常都喜爱秩序，为人谨慎而节俭。生下来环境不好的人，把贫困不当一回事，如果靠什么机会发了财，他会把它看作身外之物，钱就是花的，花得开心就值得，因为就是把钱花光了，他还是可以像过去一样过活，还少了一桩麻烦。莎士比亚在《亨利六世（下）》（第一幕四景）中有这样的话：

> 这句俗话一定可获得印证，
> “乞丐骑马，马不累死不下马。”

我们应该说，这类的人具有一种坚强的信心，一部分是对于命运，一部分是对于自己的特别手腕，这两者已经使他们脱贫，他们对这两者的信心不仅是出于头脑，而且是来自肺腑。因此，他们不像生来有钱的人，他们不把贫困的浅滩看作是无底的，他们总是这样告慰自己，一旦脚踩到水底，可以再往上游动。人性中的这一特征能解释，为什么婚前贫困的女子常较有丰厚妆奁的妇人有更多的要求，也更喜欢花钱。因为一般说来，有钱的女子不仅带来一大笔钱，而且比婚前无钱的女性，对于保住财产更为热心，也更有得自遗传的本能。如果有人怀疑这一点，认为情形正好相反，他的观点可在亚里奥斯图（Ariosto）的讽刺诗第一首之中找到根据。在另一方面，约翰逊博士同意我的看法（见鲍斯威尔《约翰逊传》67 岁部分）：出身富裕的女子习惯了处理钱，用钱精明；婚后才首次有钱可供支配的女子，对花钱有兴趣，极为浪费。无论如何，跟贫家女子结婚的人，该听取我的劝告，不要把本金交到她手中，只给她利息；更宜小心的是，不要把孩子们应得的财产交由她掌管。

我奉劝大家对于所赚来或是继承来的钱财应该小心保存的这一话题，我认为是值得讨论的。人在一生开始之际，若有一笔钱能让自己独立，也就是无须工作而能生活舒适（即使是足够个人而非全家足够），其益处是无法过分估计的。因为贫困像瘟疫一样，紧紧地依附于人们的生活中，钱财能使人免于这一慢性病的侵害，它使我们从自然命运的强迫劳动中解放出来。只有在这样好运的照顾之下的人，才是生下来自由的，才可名正言顺地说，我是自己的时间和权柄的主人，能够每天早上说："今天是我自己的。"基于同一理由，我们可以说，某人每年有一百个金币，另一人有一千个金币的收入，其间的差别有限；倒是某人每年有一百个金币，又一人完全没有进益，其间的差别非常之大。若然继承财产之人具有高度的智力，他又决心要从事跟赚钱不相配的事业，这样的一笔遗产能达到最大的价值。人经由命运这么双重的赐赠，可以按天分而生活，这样的人可以达到他人无法达到的成就，他的伟大作品可以促进大众福祉，为全人类增添荣光。另外有人可能会利用他的财富从事公益事业，从而令人赞叹。但也有人什么也不做，甚至不愿尝试，他从不彻底研究某门学问，达到至少能发扬光大这门学问的资格——这样的人生长于富贵之家，倒是容易成为游手好闲之辈、可鄙之人。他的生活也不会快乐，因为像他这样的情形，免于贫困把他送往人生的另一痛苦——烦闷。他为烦闷所做的牺牲，其损害远远超过为生活需要而工作。人一感到烦闷就容易挥霍，从而失去他不配拥有的优势。无数的人最终陷于贫穷，就是因为他们有钱的时候，为了解除烦闷的压迫感而大手大脚花钱，以求得片刻的平静。

如果我们的目标是政治生涯的成功，情形又不同了，因为在政界中，徇私、朋辈和各种关系都十分重要，为的是需要他们的帮助，以便一步一步地往上爬升，才有可能到达梯子的顶端。在这样的人生中，开创事业的时候最好是一文不名，如果有志者并非高贵家庭出身，略有能力，赤贫对他更是绝对有利。在一般的接触中，每个人都想证实自己优越，最喜欢看到别人不如自己，在政界中更是如此。这样，只有一贫如洗的人才会确切相信自己是完全地、道地地、肯定地在每一方面都卑下，觉得自己彻底的微末和无用，才会在政治圈中平静地占一个席位。只有他会继续地鞠躬如也，腰身深深弯下，有需要时还把脸贴到地上；只有他能忍受一切，凡事一笑置之；只有他了解才干完全无用；只有他说话和为文时总是用最响亮的语句，提及他的上司和位居权势的人，只要那些人胡乱写些什么，他马上赞扬那是杰作；只有他懂得如何乞求，于是能在年纪轻轻时成为那一套秘奥道理的大神棍。这一点歌德有所揭示：

我们不必埋怨
低下和卑劣的作为。
不管人们如何说话，
世界就是如此运作。

在另一方面，生来就不愁衣食的人，通常都是心境超然的。他习惯于把头昂起，他没学过乞求的艺术；也许他还自恃有些才气，而才气大家都知道，从来无法跟趋炎附势的平庸之辈相比。经过一段时间，他了解到上司们的卑劣，上司们难免不想侮辱他，他变得桀骜而畏缩。这可不是上进之道啊！的确，这样的人到最后会同意伏尔泰的豪语：“我们只是生存两天，把时间花费于跟可耻恶徒打交道，是多么不值啊！”不幸的是，世上可用“可耻恶徒”来形容的人真是太多了。如尤维纳利斯（Juvenalis）所说——

才智为贫困钳制，

难有任何成就。

比较适合于艺术和文学界，绝不能沿用在政治和社会圈有雄心的人身上。

配偶和孩子不能包括于一个人的财产之内，一家之长倒可能是家人们的财产。把朋友们包括在财产之下还容易些，但朋友之间的关系毕竟是相互的。

第四章

人的地位

To fame there are two paths open. On the path of actions, a great heart is the chief recommendation; on that of works, a great head. Each of the two paths has its own peculiar advantages and detriments; and the chief difference between them is that actions are fleeting, while works remain.

通往名声的道路有两条。在立功这条路上，主要的条件是伟大的心胸；在立言和创作这条路上，需要伟大的头脑。两条大路各有利弊，主要的差别在于，功业如过眼云烟，而作品能够保存下来。

一、世人的褒贬

出于人性的奇特的弱点，人们一般都过分重视他人对自己的看法。其实，只要稍假思索就会明白，不管他人的意见为何，它本身不是构成我们幸福的要素。因此，我们很难了解，为什么只要听到他人的好话或谄媚之语，人人都感到非常愉快。如果我们抚摸猫，它会愉快地咕噜几声；同样可能的结果是，要是我们称赞某人，一丝愉快的甜蜜表情立刻会在对方的脸上浮现，尽管那句赞美明明是谎言。只要是涉及对方感到自豪的事，一定大受欢迎；只要有人称许，不管自己运气如何坏，或者是自己的条件怎么差，总可找到安慰。相反的，只要有人伤害我们的自尊心（不管伤害的性质、程度或情况如何），或是有人加诸我们任何贬抑、轻视，我们一定感到恼怒，有时为之痛苦不已。

如果荣誉感根植于人性的这一弱点，它就可能用来代替道德律，而对许多人的福祉产生非常有益的效果。但是它对我们的幸福，尤其是对于构成幸福要素之心境宁静和独立的影响，却不是有益的，而是侵扰性的、偏颇的。因此，从我们的观点而言，把这一弱点加以限制，我们对于他人的意见，无论是迎合我们或是令我们痛苦的看法，都要认真地考虑，并适度地估计相对的价值，从而尽可能地减轻我们对他人意见的高度敏感性。因为不管是令我们高兴或是叫我们沮丧的他人言辞，都是诉诸我们的同一情绪。如果不那么做，我们就成了他人看法之下的奴隶：

> 渴望赞美的人，太容易因鸡毛蒜皮
> 而变得抑郁或兴致勃勃。
>
> （霍勒斯《书函集》，Ⅱ.1）

因此，如果我们把自己在自己心目中的价值，和他人对我们的评价，作一个适度的比较，对于促进我们的幸福，将会大有帮助。在前一项目之下所包括的是我们生存的时间和空间的一切东西，我们的生命就依赖它们而形成。简言之，包括我们在前两章用“人的自身”和“人的所有”为题目，所作考虑并归结出来的各项优点，而所有这一切得以发生的场所，就在我们自己的意识中。另一方面，别人对我们若有认识，则发生在他们的意识中，并不在我们的意识范围内，我们只是在他们眼中所呈现的人物，以及我们的形象对他们所引起的思想。但是这些对于我们并非直接的和立即的存在，只是对我们具有间接的影响，因为别人对我们的行为受到那些印象的指导；即使是这样，那些看法和行为对我们的影响，也只在于它们对我们“心目中的自我”具有修正的作用。除此之外，在别人脑海中活动的事物对我们是无关紧要的。经过一个时期后我们看到，大多数人的思想是那么肤浅和无稽，他们的观念那么狭隘，他们的情操那么卑下，他们的意见那么荒谬而且充满错误，我们就会真的对别人的想法无动于衷。当一个人对他人无所畏惧，或是以为他人不可能听到某些话之时，其人所说的他人一文不值的话，无不让我们增长见识。如果我们有幸看到最伟大的一些人如何受到多个笨伯的奚落和轻视，我们当会了解，对别人的话予以重视，无异于是抬举他们。

无论如何，如果人不能从前述两类福祉中找到幸福的源头，而必须在第三类也就是在别人对他的看法中去寻找，他一定是怪可怜的。因为我们生存和幸福的整个基础，毕竟建立于我们的体格上，因而，幸福最主要的因素在于健康，其次就是维持独立生活和免于忧患的能力。一方是前述的那些基本因素，另一方是荣誉、排场、勋位和名声，这之间无从比较或补偿，不管我们会怎样重视后者。若需要牺牲后者换取前者，没人会犹豫的。如果我们能及时体认到一个简单的道理，那就是，每个人的真实生存是在自己的身体之内，不在他人的看法上，将会大大增加我们的幸福感，这样，我们个人生活的实际情况——健康、性情、能力、收入、配偶、孩子、朋友、家庭等等，比之他人高兴怎样看待我们，其重要何止百倍？没有这种看法，我们将是痛苦的。如果有人坚持认为荣誉比生命本身更为珍贵，无疑是说自己的生存和福祉完全不重要，不能跟他人的看法或意见相比。当然，前面的说法只是强调，我们若是要出人头地，别人对我们的看法（也就是名声）是不可缺少的，关于这一点，我在后面还会谈到。当我们见到人们全力争取某些事物，费尽千辛万苦，冒险犯难，无非是为了让人刮目相看；当我们见到不但官职、头衔、勋章的猎取，就连财富甚至知识和艺术修养的获得，都无不是为了赢获人们更大的尊重——这些难道不是确凿的凭据，证明人类的愚蠢已悲哀到无以复加的程度吗？把他人的意见给予过高的价值，是到处都有的通病，这毛病可能根植于人性的本身，或是文明和一般社会制度所导致的结果。但不管其来源如何，它对于我们所作所为的影响太大，对我们的幸福造成莫大的障碍。从一般人胆怯地、盲目地总是顾虑别人会怎么说，到弗吉尼厄斯（Virginius）把匕首插入女儿胸膛的悲愤情绪，或是许多人为身后殊荣而牺牲安宁、财富、健康甚至生命本身，都能看出这一毛病的踪迹。毫无疑问，这一情结对于管理或指导阶层的人是一项非常方便的工具，因此，每一个训练人格的方案都重视荣誉感的维护和加强。但是它对于我们现在所讨论的对于人的幸福的影响，却是另一回事，我们宜谨慎地劝人，不必太重视别人对自己的想法。日常的经验告诉我们，这一错误人们不断地一犯再犯。大部分人所注意的正是别人的想法，而对于自己意识中的最直接的认识反而不那么关心。他们把自然秩序倒过来——把他人的意见看成是真实的存在，却把自己的意识当作可疑之物；他们把衍生的次要东西认成主体，同时把他们在外界所见到的自身形象看得比自身还重要。他们这样从并非直接的存在得出直接的结果，便陷入“虚荣”的荒谬——“虚荣”这一用语之所以妥帖，就在于它无实质，也无内在价值。像守财奴一样，这些人一心一意想取得手段，却忘了目的。

事实上，我们这样重视他人的意见，我们这样努力尊重它，与我们可望获得的任何结果，实在不成比例。人们如此注重他人的态度，其普遍性简直可以看作是无一例外的、得自遗传的疯癫症。我们无论做什么，第一件所想到的事几乎都是：人家会怎么说。我们人生的苦难和困扰，近乎一半可以追溯到这一份关切，这份关切存在于自尊心的根基，它的敏感程度常使我们感到羞愧不堪。也就是这份关心别人会怎么说，造成我们所有的虚荣、炫耀，还有排场和吹嘘。要不是关心他人怎么说，我们所见到的各种奢华不会达到目前的十分之一。各种形式的骄傲，不管它的性质或领域是如何不同，说到底还是源于别人会怎么说，从而造成我们多大的牺牲啊！这种心态甚至在儿童之中也能见到。虽然在人生的每个阶段都存在，但在老年之中最为明显，因为在感官之乐无法享受之后，虚荣和骄傲只有跟贪婪共同掌权了。对于这一感觉，法国人也许能提供最好的例子。在法国人之中，虚荣心好像瘟疫一般定期性地迸发，有时表现在最奇怪的野心上，或是一种可笑的民族虚荣心以及最为无耻的吹嘘上。但是，这样是无济于事的，因为别的民族会取笑他们，称他们是自大的民族。

为了说明这种对他人意见的不合理的过分尊重，让我选用《泰晤士报》1846 年 3 月 31 日详细记述一名叫作汤默士·魏克士（Thomas Wix）的学徒被处刑的一段。魏克士是出于报复而谋杀他的师傅，这一情况极不寻常，人物也很特殊，但却是非常适当的例子，可为这一深植于人性的愚昧提供一幅鲜明的图画，让我们对这种愚昧可能演变的程度获得正确观念。报道说，在行刑那天的早晨，牧师早早地就来照顾他，但是魏克士对他的祝福并没有兴趣，他看来只是急切地要在看他处死的观众面前，表现出自己“英勇”的样子……在行进中，他欣然进入他的位置，当他走到刑场时，他用附近几个人能听到的声音说：“现在，正如杜德博士（Dr Dodd）所说，该是我就要了解大秘密的时候了。”到达绞刑台后，这个可怜人丝毫不用他人帮助，就爬上了台上的踏板，他一到踏板中央，就向观众鞠躬两次，引起台下看热闹的群众一阵大大的喝彩声。

一个人眼看就要被最可怕的方式处死、一死就百了之际，他所关心的竟是观众对自己的印象，以及自己在他人心目中可能留下的看法。同在 1846 年因为图谋刺杀国王而在法兰克福被处死的雷孔特（Lecomte）的案例，情况也是类似的。在审判时，他为了不许在上议院前穿着整齐而烦恼；处刑的那天，又为了不准他修脸而特别伤心。这类的事并不是近代才见到或发生的。马提奥·阿勒曼（Mateo Aleman）在他那著名的侠义小说 *Guzman de Alfarache* 的引言中告诉我们，许多糊涂的罪犯们，在临死之前不用来为灵魂祈福，却情愿疏忽他们该尽的责任，去准备和记住要在绞刑台上发表的一篇讲话。

我拿这些极端的例子来说明我的意思，因为这些例子让我们看出我们本性放大后的样子。我们大家的焦虑，我们的烦恼、苦闷、困扰、麻烦、不安和不断的努力，在也许是大多数的事例中，都出自别人会怎么说这一顾虑。我们在这方面之愚蠢，正如同那些可怜的犯人一样。忌妒和愤恨也往往可追溯到同一来源。

人的幸福主要存在于心境平安和满足，因此，如果我们能把人性之中的这一冲动，减低至合理的程度（也许是目前的五十分之一），对于促进幸福将有极大的助益。这么做，我们应该能够除去心腹中的一大祸患。但是，这是很困难的事，因为这一冲动是人性自然的和内在的悖谬。塔西佗（Tacitus）说："名声欲是智者最难除去的。"唯一能除去这一普遍的愚昧的方法就是，明白地认清这是愚昧；要做到这一点，需要承认他人大脑里的意见大部分是错的、悖理的、谬误而荒唐的，根本不值得我们去注意。还有，在人生的大部分情境和事况中，他人的意见对我们的影响并非真实和正面的。要是听到别人谈到自己的每一件事，或是听到他们说话时的口吻，他人的意见一般都那么不忠厚，简直会把我们烦愁到死。最后要说的是，我们应该弄清楚，荣誉的本身并无真正直接的价值，所有的只是间接的价值。如果我们大体能摆脱这一普遍的愚昧，其结果将对我们的心境平静和愉快有所增益；其情况非目前我们所能想象，人们将会更为坚定和自信地面对世界，而总的说来，态度上不会那么害羞和压抑。可以看出，一种隐逸的生活模式对于我们心境宁静有着极为有益的影响，这主要是因为我们不必老是看到别人，成日地听他人胡乱发表的意见，简言之，我们能够返回自我。同时，我们还可以避免许多实质上的不幸，那就是我们被误导而徒然努力，更正确地说，是我们沉溺于一种恶作剧的愚昧所造成的，所以我们要多注意道地的真实事物，多享用它们，不像现在受到这么多阻挠。但是，"值得做的事是难于做到的"。

二、自豪（Pride 或 Stolz）

我们在上节所讨论的人性中的“愚昧”繁殖出三棵幼苗，那就是野心、自负（vanity）和自豪（pride）。最后两者的区别是这样：“自豪（骄傲）”是个人对于自身在某方面具有卓越价值的确信；“自负（骄矜）”是意欲激起他人对自己有那样的确信，一般也暗暗地希望自己毕竟也会有那样的确信。骄傲是来自“内在”的活动，是人对自己的直接体认。骄矜是意欲间接地达到这一体认，来自“外界”。所以我们发现，自负的人多话，自豪的人缄默。但是自负的人应该明白，他希望得到他人的好感，比较容易而且一定能得到的方法是坚持不说话，靠说话就难多了，尽管他有满腹经纶可以卖弄。模样骄傲的人并非自豪的人，他不久会失去这一模样，其他假扮的个性也一样。

只有对自己卓越的才干和特殊价值具有坚定信念的人，才配称为骄傲（自豪）——人们据以自豪的信念也许是错误的，或者是建立在偶然的和传统的优点之上。然而自豪毕竟是自豪，只要它是诚挚的。因为自豪植根于信念，它就像所有其他形式的知识一样，不在我们自己能加以裁决的范围之内。自豪的最大敌人，也就是它的最大的障碍，是骄矜，骄矜就是要博取他人的喝彩，以便获得能肯定自己高度价值的必要基础，而自豪是基于原先已经存在的信念。

的确，自豪（骄傲）常常会受到别人，但我觉得通常都是那些绝无一是足以自傲的人的指责。由于大多数人是那么无理和横蛮，任何人只要有任何长处或优点，如果他本人不是完全想被人家遗忘，就应该牢牢地盯住它。如果你忽视自己的优越之处，尽跟平庸之辈亲切交往，打成一片，他们就会老实地不客气地把你当作他们的一分子。这项劝告我特别拿来奉献给具有一流才华尤其是真有才学的人，真才实学毕竟不像勋章和头衔，能够成日都不离他人的眼睛或耳朵。这些人若是不接受我的劝告，将会发现“亲近产生轻视”，或许像罗马人常说的，“笨猪要跟智慧女神上课”。阿拉伯有一句极好的谚语：“跟奴隶开玩笑，对方立刻忘形。”我们也不该轻视霍勒斯的话，“有资格自豪就应当自豪”。毫无疑问，“谦虚”成为美德之后，让愚人讨尽便宜，因为大家都希望各人把自己说成是蠢人。这真是一样的平等！让全世界看起来都是愚人。

最低下的骄傲是国家骄傲。一个人对自己的国家感到骄傲，说明他自己没有什么品质可以觉得骄傲，否则，他不会依赖与亿万同胞共享的东西而自傲。自己具有重要特质的人对于本国的缺点，能清晰地看出，因为那些缺点经常就在他眼前。自己一无是处可资骄傲的可怜虫，是不得已采用国家骄傲，他会不惜一切维护国家的所有过错和愚昧，借以弥补自己的卑下。举例来说，如果我们公正地指出英国若干的卑劣冥顽之事，五十个英国人之中很难找出一个会同意你说的话；假如有一人同意，他通常是明智的。

德国人没有国家骄傲，这显出他们是众所公认的诚实，但有些不诚实的人可笑地假装他们对国家感到骄傲，那些“德意志兄弟”和民众运动人士意图煽动群众，误导群众。我听到有人说火药是一名德国人发明的，我表示怀疑。利希滕贝格（Lichtenberg）问道：“为什么没有人喜欢冒充德国人呢？想假冒的人为什么想冒充法国人或英国人呢？”

无论如何，个性远比国家性或民族性重要得多，而就个人而言，个性尤其值得多多考虑。民族性涉及亿万人士，你不可能对人家大加赞扬而仍然诚实。国家性不过是人类的偏狭、悖逆和卑劣性格在各国所表现的特殊形式的另一名称。要是我们讨厌某一国家性，我们赞扬另一国家性，我们对这一国家性不久会同样感到厌恶的。每一个国家都讥笑其他国家，大家的讥笑都对。

本章所讨论的内容有关“人的地位”，或是说我们在他人的心目中是怎样的，这就可依勋位、荣誉和名声三项分别讨论。

三、勋位（Rank 或 Rang）

我们先谈勋位，因为几句话就可以把问题弄清楚，尽管这东西在大众和市侩们的眼中很是重要，而且是政府运作体系中极有用的一环。

勋位纯然只有官样文章式的价值。严格地说，它是赝品，它的手段是提取不自然的敬重，事实上，整件事只是闹剧。

我们可以说，勋级（orders 或 Orden）是依照公众意见开出的有价票据，它的价值需视开票人的信用而定。当然，作为年俸的代替物，勋级能替政府节省很多钱，如果慎重得宜地分配，能达到其实用目标。的确，人们一般都有眼睛和耳朵，但所拥有的其他东西却不多，他们缺乏判断力，甚至记忆力也是短缺的。政府有许多功能是人们无法理解的；另外有一些事曾经为人们所欣赏，之后很快地被人遗忘。所以我认为每一勋等和勋章的颁发，都是在各处不停地向人民大众宣布：“这人跟你们不同，他有所成就。”但要是颁发得不公允，或是未经适当地选拔，或是为数过多，那么勋级就失去价值。国君颁授勋位，要像生意人签发票据一样地谨慎。在任何勋章上镌刻“功勋昭著”之类的语句，都是废话，因为每一个勋章的颁发都应该是出于功勋昭著，才合乎道理。

四、荣誉（Honour 或 Ehre）[1]

“荣誉”的问题比“勋位”大得多，讨论起来也比较困难，我们还是先来给它下个定义。

如果我说“荣誉是外界的良心，良心是内在的荣誉”，许多人无疑会同意，但是这样的定义只是虚有其表，几乎没有谈到问题的实质。我比较喜爱的定义是：“荣誉有客观和主观两方面，客观方面的荣誉是他人对我们的价值的意见，主观方面的荣誉是我们对他人的意见的尊重。”从后一观点言之，荣誉对于信守荣誉的人通常具有一种极为有益、但并非纯然是道德上的影响力。

除了极端腐败的人之外，每个人都有荣誉感和羞耻心，荣誉更在各地都被认为具有特别价值，其理由如次。单独一个人就像荒岛上的鲁滨孙，他所能获得的成就非常有限，人的能力只有在社群中才可望充分发挥作用。当我们的意识开始发育之后不久，就会发觉心中兴起要被他人看作是社会有用分子的欲望，那就是能尽到做人的职责，而且能取得社会上的权益。要成为社会有用的一分子，人们就得做到两件事：第一，每个人不管在何处都该做的事；第二，每个人出于自己之特殊位置而该去做的事。

但是人们不久就发现，一个人是否在社会上有用，并非根据自己的意见，而是需要取决于他人的看法，于是人们就千方百计

---

① 译者注：德文的 Ehre 和英文的 Honour 似乎是同义的，它包括“荣誉、信誉、名誉、崇敬、操守、节操”等含义，在下面的讨论中，我们有时需要把中文的“荣誉”看作具有“信誉、节操”等比较具体的意义，才更能理解译文。

要让他人对自己有好感，把“他人的好感”看作价值重大。这是人性中本有的内在特质，我们把它叫作荣誉感，而从另一角度又称之为羞耻心。在他人面前，眼看人家就要就一件事发表对我们的看法，我们的脸上就出现红晕，就是这种心理的缘故（让我们羞惭的事，包括我们明明知道自己无辜，或是所谓过失并未涉及绝对的责任，只是出于自愿承担的结果而已）。相反的，当我们相信或了解到他人对我们信任有加，我们所获得的勇气是无可比拟的，因为这情形意味着大家都会帮助、支持我们。众力共同抵挡人生的不幸，比之我们各自捍卫自己要容易多了。

为了获取人家的信任，也就是博得别人的好感，人与人之间维持着各式各样的关系，这就产生出多种不同的荣誉，其基础主要在于人与人之间要有分际，我们对各项承诺的履行，以及性的关系方面。所以荣誉主要有三种不同的类别——公民荣誉，职位荣誉，还有性爱荣誉。

“公民荣誉（civic honour）”所涵盖的范围最广。这一荣誉基于以下的假定：我们无保留地尊重他人的权利，永远不会为了一己所需要而使用不正当或不合法的手段。这种荣誉是人与人之间和平交往的条件，任何公然地违反这一和平交往的行为，任何会遭受法律制裁的做法，无不破坏公民荣誉，永远都假定处罚是公正的。

荣誉的终极基础是一种认为人的品性永远不改变的信念。做过一件坏事，就意味着未来在相似的情境下的行为也是坏的。这从英文的“character（品格）”一词可用来表达信用、名誉和荣誉的概念作为说明。所以，荣誉一旦丧失就无从恢复，除非其丧失是源于错误，例如当事人遭人毁谤或是他的行为被误会了。因此，法律提供有对付谗言、诽谤甚至是侮辱的补救办法，因为“侮辱”虽然不过是谩骂，却可以看作是未说出理由的简单扼要的诽谤。这句话可以简短地说成：侮辱就是简要的诽谤（The insult is a summary slander）。我们谩骂他人，就表示我们没有真正的或真实的可埋怨对方的理由；否则，我们尽可把这些理由当作前提说出来，让听者自己去下结论。但我们并没有那么做，我们提出结论，却忽略前提，冀望人们会假定，我们这么做是为了长话短说。

公民荣誉的存在和名称来自中产阶级，但是它适用于所有阶层，包括最高层的人士。没有人能忽视公民荣誉，它是重大的事，任何人都应该谨慎，不可稍加轻视。人若是失信了，以后不管他怎么做，不管他身份如何，他就永远丧失他人的信任，丧失信用的苦果是无可挽回的。

与“名声（fame）”的正面性质相对而言，我们可以说荣誉是负面的。因为荣誉并不是他人认为我们具有某些特质，它只是指一般所假定的若干品性，我们不可以缺乏。所以，荣誉不能说明某人怎么特殊，名声才能指出某人与众不同。名声是需要争取的，荣誉只是不可丧失。没有名声等于默默无闻，那只是没有名声；但丧失荣誉是可耻的，那是肯定的性质。荣誉的这一负面特征，绝不可跟任何事情的“消极”性质相混淆，因为荣誉是纯然积极的，这是唯一由当事人直接所表现的品性：它完全视乎当事人所做和不做，与他人的行为或阻挠无关，这完全在当事人的能力和权利范围之内。我们稍后就能看出，这一区别可以把真正的荣誉和武士精神的伪荣誉加以分辨。

“诽谤”是唯一可用来从外界攻击“荣誉”的武器，驱退这一攻击的方法是用中肯的宣传驳斥诽谤，而且适度地暴露出散布诽谤者的真面目。

我们之所以对老人敬重，是因为老人在他一生的过程之中，已经明明白白地显示出他是否具有荣誉；年轻人则尚未经过此考验，他只是被假定具有荣誉。活得久（有些低等动物活得一样久，有的活得更久）和经验多（只是对这世界更熟悉），都不足以说明为什么年轻人应该敬重老人；如果只是活得长久，也不过是因为老年人衰弱而需要对他们体谅，并不需要敬重。很明显，皓首白发总会使人发生敬意——一种真正内在的和本能的敬意。皱纹是年老的更可靠的表征，却不能激发敬意：我们从未听到人家说“皱纹可敬”，但“白发可敬”是常用的。

荣誉只有间接的价值。正如我在本章开头所解释的，他人对我们的看法如果对我们会发生影响，只存在于他们对待我们的态度上，而且只限于我们是跟他们生活在一起，或是我们一定得跟他们打交道。但是，我们的人身和财物之所以在文明的状态中享有安全，应该完全归功于社会。不管做什么，我们需要他人的帮助，而他人之所以愿意跟我们交往，一定要靠他们对我们有信心。这样说来，他人对我们的看法，尽管间接上对我们关系重大，但我看不出它对我们具有直接或立即的作用。西塞罗也抱有这一看法，他写道：“我同意克里西普斯（Chrysippus）和第欧根尼（Diogenes）的话，要是好名誉没有用处，它实在丝毫不值得去获取。”爱尔维修（Helvetius）在其主要著作《论机智》（*De l'Esprit*）中详细地论证了这一观点，他的结论是：“我们喜爱他人的尊重，不在于尊重的本身，而在于它带来的诸多好处。”手段既然不可能比目的更重要，那句“荣誉重于生命”、许多人大肆宣扬的话，正如我所说过的，是夸大其词的。关于公民荣誉的讨论至此为止。

对于“职位荣誉（official honour）”的一般看法是，它是充当任何职位的人真正地具有执行有关任务的资格。一个人在政府执行的职务愈大愈重要，他所担任的官位就愈高愈有影响力，一般人愈是认为他在品德和才干上的优越使他适于担任该职位。因此，地位愈高，愈需要在头衔和官级上给予他更大程度的荣誉，其他人对他也更为谦恭有礼。一般说来，一个人的官位就暗含他应得的尊崇，尽管民众因为无从了解他的职位的重要性而有所改变。无论如何，担任特别任务的人事实上比平民大众得到更多的荣誉，后者的荣誉主要是避免不荣誉。

进一步说，职位荣誉要求担任某职位者对该职务敬重有加，这是替他的同僚和接任人着想。这就要尽责，对任何攻击，例如他未把责任适当地处理，或是他的职位对于公众福利无所助益，应予有力反驳。他必须证明攻讦的不当，诉诸法律予以惩处。

在职位荣誉之下还有以其他身份服务国家和社会的人士，这包括医生、律师、教师，以及其他受过专业教育或是公认具有专业资格的人。简言之，它是任何对公众做出服务承诺之人士的荣誉。这就该谈到军职荣誉。这里的“荣誉”一词用作它的本义，认为那些献身保卫国家的人，真正具有做军人的必要品格，特别是勇气，个人勇敢和力量，誓死捍卫国家的决心，在任何情况下永远为本团体和祖国效忠。我在此处所讲的“official honour”，是意义比较广泛的“职位荣誉”，跟一般人所谓对公职的尊重（公职荣誉）的范围不同。

在讨论性爱荣誉及其赖以建立的原则时，稍多的注意和分析是需要的，我在下面的议论将会支持我的论点，那就是，所有的荣誉都是奠立于功利的基础之上。这一题旨有两个自然的划分——女性荣誉和男性荣誉，都将涉及大家所了解的“集体精神”。前一荣誉比后一荣誉重要得多，因为女性跟男人的关系，是她一生中最为基本的关键。

一般对女性荣誉的看法是，在少女时候是纯洁，嫁人以后是贞操。这一看法的重要性是基于下面的考虑：妇女在诸多方面要仰赖男性，而男性只有一件事要依靠对方。因此，彼此依赖的安排便建立了——男人承担女子及以后所生子女的一切需要，这是为整个女性福利打算所做的安排。要实行此一计划，女性必须团结在一起，表现出集体精神，统一战线对付共同的敌人——男性，后者以其优越的体力和智力，占有世上的一切美好事物，女性必须尽全力包围和征服男性，从而人财两得。为了达到此一目的，妇女在婚姻以外决不跟男性交媾的规则必须严格遵守，以便一个个男人被迫投降，跟一个女人结婚，否则所有女性的荣誉无从获得，这样的安排可使整个女性都衣食无忧。但是，这一结果只有严格遵守上述规则才可能得到，所以，各处的妇女都显出真正的集体精神，仔细地坚守并维护这条规则。任何女子打破规则，就视同背叛了整个女性，因为要是每个妇女都这么做，整个女性的利益就被瓦解了，所以，她被当作失去荣誉的人，带着耻辱被赶出社会。没有妇女会愿意跟她交往，她像瘟疫一样地被人躲避。未能遵守婚约的女人也注定面对同一命运。红杏出墙就是未能履行当初男人所以投降的条件，她的行为会吓跑其他想结婚的男人们，这就危害所有其他姐妹们的利益。不仅如此，这种违反婚约的欺骗，是可处分的罪行，不但丧失女性荣誉，而且还失去公民荣誉。这可以说明，为什么我们不斤斤计较少女的羞耻，却丝毫不放过已婚的女子，因为，就前者而言，当事人结婚能恢复荣誉；至于后者，无论怎么弥补也无从挽救对合约的破坏。

一旦接受集体精神是女性荣誉的基础，而且看作是健全的甚至可说是必须的安排，根本上认为是明智的合乎利益的事，女人们对于女性荣誉给予她们自己利益的重要性就可以认清。但这种认识要看作是相对的价值，它不是绝对的目的，它不可超出生存的所有其他目标，而且被认为高于生命本身的价值。根据这个观点，一些贞洁妇女的过分行为，那些很容易演变为悲怆的闹剧的行为，并不值得赞扬。举例言之，*Emilia Galotti* 一剧的结局，让人走出戏院时很不自在；另一方面，无论妇女荣誉怎么规定，我们对于 *Egmont* 中的克莱拉（Clara），总会给她几分同情。过分重视女性荣誉这一原则，是一心记挂手段而忘却目的——一般人就正是如此。过分重视女性荣誉，是把两性荣誉的价值看成是绝对的，事实是，两性荣誉的相对性超出其他荣誉。我们甚至可以说它的价值完全是沿袭而来的，这从托马西乌斯（Thomasius）的著作中可以看到，在各个时代到宗教改革为止，各处法律都容许同居等陋习而无损女性荣誉——巴比伦的米莉塔（Mylitta）神殿的荒唐，就更不必说了。

当然，在文明生活的某些环境中，尤其是在天主教国家，因为根本就不许离婚，有些人要依照婚姻仪式的结合常常是不可能的。我认为，王侯们收养情妇，比接受"后裔无继承权"的婚姻更合乎道德，因为这类婚姻所生的后裔还是有可能在合法继承人死光之后，有那么一日会争夺继承权，尽管那种时机非常渺茫，毕竟这类的婚姻有可能带来内战。此外，这类勉强的婚姻毕竟是对女人和教士们让步——对女人和教士们让步是愈少愈好。进一步说，全国的人都能选择自己心爱的对象结婚，只有一位可怜的家伙做不到，他就是王位继承人。他的手属于国家，出手找对象，必须符合国家的利益。然而，王侯也毕竟是人，是人就会依从自己的意欲行事。在选择伴侣上，若要禁止或是有意禁止王侯跟随自己的喜爱，当是不公正、过分古板而且白费气力（当然，他的喜爱对象不得对国事有任何影响力）。从女方的观点言之，她所处的地位是特殊的，并不受制于两性荣誉的一般规则之下；她只是委身于热爱她的男子，她爱他，但不能跟他结婚。概括地说，女性荣誉的原则并非起源于自然，这可以从谋杀孩子和母亲自杀等血淋淋的牺牲予以证明。无疑的，违反公约的女子未能对整个女性守信，但是这项忠诚原则只是暗地里被视为是当然的，没有人对它立过誓言。而且，在绝大多数的情形中，她自己的前途受害最大，她的愚蠢远远超过她的罪行。

男性荣誉是女性荣誉基于“集体精神”所带来的产物。婚姻对女性是大为有利的，当男人向结婚投降的时候，他得信守合约中的各项条款，这一方面是为了条约的遵行不容废弛，也是希望在放弃一切之后，所得的好处——独占权至少有所保障。因此，为妻的要是破坏婚姻，男性荣誉要求他不假宽恕，起码的处罚是跟她离婚。如果他不追究这件事，他的同伴会认为他不知羞耻，但不像女人丧失荣誉那么糟。对于男人，这一缺陷是次要的，因为他一生中有许多其他大事可做。近代有两位伟大的戏剧家都把男性荣誉作为两出戏的主题：莎士比亚写的是《奥赛罗》和《冬天的故事》，卡尔德隆（Calderon）是《有其荣誉的医师》，还有《暗中侮辱，暗中报复》。需要说明的是，荣誉只要求处罚妻子，对于她的情夫也加以处分则是多余的事。这也证实我的看法，这类荣誉源自男性的“集体精神”。

到此为止我讨论了两性荣誉的诸多不同方式和原则，它们一直以来在世界各国都是被接受的，虽然历史告诉我们，女性荣誉的原则在不同时代有着地区性的改变。但是，另有一类与此完全不同的荣誉，古希腊人和古罗马人对此没有认识，而且到现在（19世纪中叶），中国人、印度人或回教徒还不知它是何物。这是中世纪兴起的荣誉，源自基督教欧洲，根本仅限于极少数的一部分人，明确一点说，只是上层社会以及模仿他们的一些人。这就是武士荣誉（knightly honour）。其原则跟我刚才所讨论的那些荣誉很不同，在若干方面甚至是相反的。这类荣誉产生的是“勇武之士”，并非崇尚荣誉的人。现在让我来解释它的原则，以便了解武士荣誉的一般情况。

第一，这类荣誉不是存在于他人对我们的价值有什么意见，而完全在于他们是否把那意见说出。他人存有什么意见尽可不管，更不用管他们是否知道所说的话的理由。他人对于我们所作所为可以有最恶劣的看法，他们喜欢怎么轻视我们也行，只要他们不说出来，我们的荣誉丝毫无损。假如我们的作为和品格能使他人不能不对我们致以最高的敬意，但只要有任何人，不管他怎么坏或怎么笨，说出一些贬抑我们的话，我们的荣誉就受到损害，甚至荡然无存，除非我们有办法予以恢复。我刚才指出，武士荣誉不存在于他人所想，而在于他人所说的话，就此还可以提出另一项证据，那就是，说过侮辱的话可以撤销，如有需要，还可以道歉，这就使得侮辱的话好像没有说过似的。至于侮辱的话所表达的看法是否已经改正，为什么他人会说那样的话，就完全不重要；只要所说的话收回了，一切恢复如常。这类行为的用意，不在于赢得尊敬，而是强使他人尊敬。

第二，这类荣誉不以人的作为，而是根据他受到过什么痛苦，遇到过什么阻碍为依据，这就跟我们在前面所讨论、各地都信守的荣誉都不同，那类荣誉完全根据本人的所说或所做确立。在另一方面，武士荣誉则是基于其他人的所说或所做而建立的。可以说，这类的荣誉完全寄托在任何其他人的手上或舌尖上，任何其他人只要会选择机会，一下子就可把对方的荣誉搞臭，除非当事人能用下面将要谈到的方法拼命挽救过来，这番折腾势将涉及当事人的生命、健康、自由、财产和安宁。我们的所有行为尽管基于最公正和最高贵的原则，我们的精神即使是最纯洁的，我们的理智纵然是最为上乘的，但任何人只要高兴指责我们，我们的荣誉就扫地无遗。这里所指的任何人也许尚未违犯这项荣誉，但在其他方面就可能是最坏的恶棍、最愚蠢的蛮人、游手好闲之辈、赌徒、浑身是债的，总之任何种类的不耻之徒，通常最可能侮辱人的就是这些家伙。塞涅卡说得好，“人愈是可鄙和可笑，愈是喜欢说他人的坏话”。他侮辱的对象通常就是刚才说的那些高节之士，因为不同品位的人不可能成为朋友，卑劣之徒眼见他人的优点又每每引起私下的愤恨。所以歌德说：

为什么要对仇敌不满？
我们的天性就永远在暗地
让他们自惭，他们还可望
成为我们的朋友吗？
——《西东诗集》

很明显，这些毫无价值的家伙非常感谢武士荣誉的原则，因为它把他们跟一些处处比他们高尚的人放在一个层面上。如果有人要侮辱谁，他就可说其人有某种缺点，这些话就可以初步采纳为可信的看法，合乎事实，相当于具有法律效力的通告。不但如此，要是不立刻用鲜血来清洗，这一看法将会永远有效。换言之，在“荣誉人士”的眼中，这位受侮辱的人就仍然是被人所断定的那种人，尽管另一方是世上最为可耻的，原因就是他“忍受”了侮辱。因此，所有“荣誉人士”不再跟他来往，把他看成麻风病人，拒绝参与他可能出现的场合，等等。

这一狡猾的习尚，我认为可追溯到中世纪、近至15世纪，那就是在任何刑事诉讼中，原告无须证明被告有罪，而是被告需证明自己无辜。要证明自己无辜，被告就需要发誓自己无罪，他的支持人同样出来发誓，指证被告不会伪誓。如果被告找不到人这么支持他，或是原告对支持人提出异议，那就只能诉诸“上帝裁判”，一般而言就是交付决斗了。这时，被告已经陷于不名誉的状态中，必须自己洗雪耻辱。这就是“不名誉”观念的来源，也是当今“荣誉人士”之间所流行的整个制度，只是略去发誓而已。这也可以解释，“荣誉人士”在面对不确凿的谴责时，应该表达深深的愤恨之情，并响应要求流血以为报复。由于谎言每天满天飞，这就让人对整个风气感到惊奇了，但这项陋习已变得根深蒂固，尤其是在英国（照常理，对他人说谎而威胁要置其于死地的人，应该是本人从未说谎的）。事实上，中世纪的刑事审判还容许更为简短的方式。在回答指控的时候，被告可以说“指控是谎话”，就立刻把案子交给“上帝裁判”了。因此，武士荣誉的典范有明白的规定，对方说谎之后，天经地义的事就是诉诸武力。有关侮辱之理论的探讨，就此告一段落。

但是还有比侮辱更糟的事，它非常可怕，按照武士荣誉的规矩，我即使只是提到它也得先请求“荣誉人士”的宽恕。因为据我所知，他们一想到这件事就会发抖，毛发直立——这件事就是世上最大的坏事，比死亡和万劫不复都可怕——被人打一巴掌，或是被打一下。这是最为极端的，挨打的人所有的荣誉都会因之完全瓦解，其他的侮辱只要见到挑衅者的鲜血就可痊愈，但这种行为非得有人赔命不可。

第三，这种荣誉跟个人的自身和所作所为绝对没有关系，也跟当事人的操守变好变坏以及所有这类问题的考察没有关系。如果你的荣誉受到攻击，或是荣誉行将消失，你也能短时间内予以恢复，只要你很快地诉诸通行的补救办法——决斗。但如果挑衅人并非承认武士荣誉的一类，或是曾经违反过武士荣誉，就有一个更为安全的恢复荣誉的办法，不管对方是行为上或者只是言词上侵害我们，你要是带有武器，可以当场或是一个钟头以后把对方击倒，这就保证能恢复荣誉。

但如果是害怕不良的后果，或是无法确定挑衅人是否尊奉武士荣誉的条规，你想要避免这么极端的步骤，还有一个巩固自己立场的办法，那就是“胜人一筹”。其实际做法是，人家粗鲁你更粗鲁，如果侮辱没有用，你可以动手，使我们在挽救荣誉中激起高潮。例如，人家打你一耳光，你可以用棍子回手；对方用棍子，你用马鞭挞击；最高明的一招是有些人建议的，向对方吐口水。要是这些都不中用，你就一定要让对方流血。用这一方法清除侮辱，是源于下段开始的一句名言。

第四，“遭人侮辱是耻辱，侮辱他人是光荣”。且让我举一个例子。我的对手在他的一方是说实话，是对的、有理的，这不妨事，我侮辱他。这样，公正和荣誉就一时间离开他，转到我这里来，他只能靠粗暴对付我而夺回公正和荣誉；在他夺回公正和荣誉之前，他是失去公正和荣誉的，而且所用的手段不合公正或道理。这么看待荣誉，粗鲁这一性质就能替代其他一切，而且比其他一切都重要。最粗鲁的总是对的，我们还能有其他要求吗？不管某人是如何愚蠢、下流或卑劣，只要他粗鲁行事，一切错误都可原谅和合法化。在任何讨论或谈话中，另一人比我们表现出更有知识，更热爱真理，更具健全的判断力，更具洞察力，或是他整体上所展示出的才智气质使得我们黯然失色，但我们只要污辱他或攻击他，就立刻可以把对方的优越和自己的浅薄一笔勾销，并且反而比他优越。因为粗鲁胜过任何辩论，它把才智的光芒全部遮盖。如果对方不喜欢我们的攻击模式，不更加粗鲁地回手，我们便能保持“胜人一筹”，仍然是胜利者，荣誉在我们这一方。真理、知识、理解、才学、机智都得退避三舍，让全能的傲慢大显威风。

如果有人说话违反“荣誉人士”的看法，或是现出的智力令后者无法招架，后者立刻要做出上战马、决死生的模样；如果在任何争论中他们无法反驳，他们就寻求以粗鲁作为武器，同样能达到原目标，机会随处都有，这样，他们得以以胜利姿态退出。人们称赞这种荣誉的原则可使社会的风尚高贵，道理十足，到现在该是很明显了吧？这一原则得自另一原则，后者是全部规则的灵魂和核心。

第五，在任何纠纷中，造就这类荣誉可以申诉的最高法庭是暴力法庭。每一种粗鲁行为，严格地说，就是诉诸暴力，这就是明白地宣称，才智和道德已经没有能力解决问题，争端要由蛮力打个水落石出——就人而言，富兰克林说过“人是制造工具的动物”，人的争斗就得由人类特有的武器来决定，这种决定是无可改变的。这就是大家熟知的“武力即权利（the right of might）”原则——这当然是一种讥讽。据此，武士（knight）的荣誉可以称为武力（might）的荣誉。

第六，正如我们在前面所谈到的，公民荣誉对于人我的分际很是谨慎，而且非常尊重义务和诺言，我们在这里所讨论的荣誉，却显出最崇高的自由性。这里只有一个词不能侵犯，这个词就是“荣誉”，人们说“以（我的）荣誉保证（upon my honour）”，就是假定其他任何形式的诺言都可以不顾。其实，到了万不得已的时候，以荣誉保证的话也可以不顾，而仍然丝毫不损“荣誉”，因为我们可以转而诉诸通行的办法——决斗，跟那些要我们遵守诺言的人拼命。尤有进者，在任何情形下有一项债务是必得偿还的，那就是赌债，也叫作“荣誉债”。至于其他所有的债务，我们尽可以张三李四胡乱欺骗，武士荣誉仍然不会沾上污点。

没有偏见的读者会立刻了解，像这样奇特、野蛮和可笑的荣誉规则，在人性中找不到基础，在人生事务的健全观点中也找不出正当的理由。武士荣誉只局限于中世纪以来的欧洲，而且在欧洲也只局限于上层阶级、军官和兵士，以及模仿他们的一些人之间，从这种荣誉流行范围的狭窄也足以确认前面的了解。对于这种荣誉的规章和原则，从前的希腊人和罗马人，以及由古到今、文明高度发达的亚洲各国，都一无所知。他们只认定个人的一切都由自己的言行而表现，跟别人嚼舌没有关系，也就是限于我在开头所讨论的“公民荣誉”之内，其他荣誉都不接受。他们以为，个人所说所为可能会影响自己的荣誉，但不会涉及他人的荣誉。对于他们来说，遭受打击就是遭受打击，马和驴子踢人可能踢得还厉害一些；在若干情况中，挨打会使人愤怒，要求立刻报复，但是跟荣誉无关。挨打的事或侮辱的言辞，没有人记录下来，出于有所要求或未曾要求而得到的“满足”，也没人记录。然而在个人勇敢和不计生死这方面，前人不比现在的基督教欧洲各国有任何逊色之处。古希腊人和罗马人可以说是彻底的英雄，但是他们不知道武士荣誉为何物。如果他们有任何决斗的观念，那也绝对跟贵族的生活没有关联；决一生死只是受雇的搏斗表演者、精擅杀戮的奴隶、已判刑的罪犯（有时或是跟野兽一起），被安排在罗马假日彼此拼命格斗以为助兴所做的表演。基督教兴起之后，搏斗表演废除了，其地位被“决斗”所取代，后者是在基督教时代作为解决纷争的“上帝的判决”的方式而出现的。如果说搏斗是大众渴求精彩表演所做出的残忍牺牲，决斗就是为现存的偏见所做的残忍牺牲——这一牺牲不是由罪犯、奴隶和囚犯，而是由贵人和自由民所做出的。

在古人的性格中，可以找到许多特质，说明他们是完全不具有这些偏见的。例如，当马略（Marius）被一位条顿族长召唤去决斗时，这位英雄回话的大意是，如果族长对自己的生命感到厌倦，他尽可以上吊；同时，他推荐一位经验丰富的角斗士跟他玩几个回合。在记述狄密斯脱克利（Themistocles）的生平中，普鲁塔克（Plutarch）谈到当时舰队司令尤利比亚底斯（Eurybiades）有一次举起棍子要打他，狄密斯脱克利并不拔剑，只是简单地说："你尽管打，但听我说话。"如果读者是"荣誉"人士，一定会感到遗憾，那就是狄密斯脱克利那么做，雅典军官并没有拒绝在他的领导之下继续服务！有一位法国现代作家这么写道："如果谁觉得德摩西尼（Demosthenes）是一个具有荣誉的人，他的无知当会引起可怜悯的一笑；西塞罗也不是荣誉之士（见 C.Durand 著 *Soirees litteraires*, 1828）。"在柏拉图所著《法律》第 9 卷的某段中，这位哲学家长篇地谈到打人，明白地显示古人们对于这类的荣誉没有任何观念。苏格拉底在讨论会之后，时常被人动粗，他总是淡然忍受。例如有一次，有一个人踢他一脚，他承受侮辱的忍耐程度让他的一个朋友大吃一惊，苏格拉底却说："一头驴踢我，难道你认为我应该憎恨它吗？"在另一次，有人问他："那家伙不是在骂你、侮辱你吗？"他回答说："不是，他的话不是针对我说的。"斯托拜乌斯在引述莫索尼乌斯（Musonius）的一大段话之中，让我们能看到古代人如何对待侮辱。他们一切依法律行事，但明智之士连这一点也轻视。希腊人被人打一个耳光，他可以按照法律获得解决；翻读柏拉图的著作 *Gorgias*，其中所载苏格拉底的意见可为明证。相同的情况可以在格利乌斯（Gellius）记述一个叫作维拉托斯（Lucius Veratius）的文献中看到，讲的是维拉托斯曾经在罗马路上见到人就胆敢无缘无故打他们的耳光，但为了避免无谓后果，他叫一个奴隶带着一袋零钱，当场按照法定的罚款小数目，交给惊讶不已的对方。

有名的犬儒派哲学家克拉特斯（Crates），有一次被音乐家尼可德罗姆斯（Nicodromus）打了一记耳光，脸上肿胀，又黑又紫，他就在额头贴上标记："尼可德罗姆斯打伤的"，使这位笛手大失面子，因为他竟敢对雅典家喻户晓的哲学大师动粗。在写给美莱西普斯(Melesippus)的一封信中，第欧根尼(锡诺帕的)(Diogenes of Sinope）告诉我们，他被雅典醉酒的年轻人殴打了，但是他补充说是小事。塞涅卡用了 *De Constantia* 最后数章的篇幅，详细讨论侮辱，只是为了说明明智人不在乎被辱，他在第十四章中说："聪明人挨打该怎么办？有人打卡托（Cato）的嘴巴，他不生气，也不想报复侮辱，甚至不想回手，只是简简单单地不理它。"

你会说，"说得对，但人家是哲学大师，是聪明人"。而你是笨人，对吧？

很明显，古人对武士荣誉的规则是一无所知的。理由很简单，他们对于人类的事务总是采取一种自然而无偏见的看法，不让那些恶劣的、可怕的愚昧影响自己。对于他们，在脸上挨一下打就是挨一下打，它只是身体上的轻微的伤害；现代人却把它看作翻天覆地的事，是悲剧的题材，例如柯奈尔（Corneille）所写的 *Cid*；或是更近的有关中产阶级的德国喜剧《环境之力》，其实该改称为《偏见之力》。如果巴黎的一位国会议员挨耳光，这消息当会从欧洲的一端传达到另一端。我刚才所提供的在古典时代发生的事件被予以处理的方式，可能不合"荣誉人士"的脾胃，所以，我要在这里特别介绍狄德罗（Diderot）的杰作 *Jacques le fataliste* 之中的德士格蓝兹（Desglands）先生的故事，用以补救我的不足。这是现代武士荣誉最好的样本，相信一定会受到“荣誉人士”的大大欢迎，对他们有所启发。①

根据我上面所说的话，大家应该已经明白，武士荣誉的原则在人性中并没有本质上的和自发的源头。它是人为的产物，其来源不难寻找。它的存在明显地可追溯到备受赞扬的中世纪和它的英勇制度（system of chivalry），当时人们习惯于使用拳头，少用脑筋，同时人的智力也受到教会钳制。当时的人不仅让上帝照顾他们，一切的裁决也是任由上帝决定的，疑难的案子要听从上帝的裁判，其实就是听凭折磨来决定，除了极少的例外。所谓折磨就是决斗，不仅贵人们如此，一般平民百姓也这样，莎士比亚的《亨利六世（中）》（第二幕三景）中有一个很恰当的例子。每一个判决都可诉诸武力解决，似乎“上帝的裁判”就是上一级的法庭。究其实，这就是让体力和行动，换言之，就是让我们的动物性，来篡夺理智的裁判席位，这种裁判不是凭借当事人之所作所为，而是根据反对他的力量，也就是今天在武士荣誉之下仍然流行的

---

① 德士格蓝兹先生的故事，叔本华曾在其《荣誉短论初稿》(*Draft for a Short Essay on Honour*) 中介绍过，现译述如次：

“一位叫作德士格蓝兹的绅士，和另一位绅士追求同一个女士。这两人挨近坐在桌子的一边，对面就是那位女士。德士格蓝兹（以下简称‘德某’）用了最生动的谈话，想要吸引女士的注意，但是她心不在焉，好像没有听到他的话，倒是不时偷看他的情敌。德某手中有一枚鸡蛋，一阵忌妒和愤懑使他不自觉地把蛋捏破，因而蛋浆溅到他的情敌的脸上。他的情敌的手有所动作，德某随即抓住这个机会，向对方耳旁轻轻地说：‘先生，我接受你的挑战。’大家一时间无话可说。次日，德某出现，右脸颊贴了一大块圆形黑色胶布。决斗开始，德某的对手受重伤，但生命没有危险，德某把黑胶布剪小一些。对手痊愈后，进行第二次决斗，德某又使对方受创，黑胶布又剪小一些。这样连续有五六次，每次决斗过后，德某都把黑胶布剪小一些，直到对手被杀为止。”

同一制度，来决定是非问题。如果有人怀疑这是现今决斗的真正由来，请他查看一下默林良（J.B.Mellingen）所著的佳作《决斗史》。在该制度的支持者之中，你可能仍然会见到有人真是把决斗的结果看作是神对于争议事件的判断（不过，这些人并未受过最良好的或是最有思想的教育），这当然是传统观点所造成的。

撇开决斗的来由不谈，现在我们应该明白的是，武士原则的基本倾向是用有形的威胁来夺取一种实际上很难获得的体面的外观。这种程序有点像是为了证明房间的温度适当，你用手握着温度表，让温度表的温度上升一样。其实，问题的核心是这样的：公民荣誉之目的在于人与人之间能够和平交往，他人认为“我们值得完全信任”，因为我们对于他们的权利无条件地尊重；在另一方面，武士荣誉则是不顾代价地维持我们自己的权利，完全凭靠“别人害怕我们”作基础。

武士荣誉的原则主要是促使他人恐惧，而非激发彼此信心。如果我们生活在一种自然的状态中，每个人都要保护自己，而且必须直接地维持自己的权利，武士荣誉也就并不是那么无可原谅的，因为人们的诚信实在并不怎么可靠。但在文明的生活中，我们的人身和财产都受到国家的保护，武士荣誉的原则就不再适用了；它的存在，宛如在武力就是权利的时代所留下的城堡和瞭望塔一样，没有实用价值，只是在开发良好的田地之中、人来熙往的道路甚或是铁路等之间耸立的废物罢了。

因此，要坚持武士荣誉的原则，在运用上就只能限于个人殴打的小案件，因为对于这些殴人小案件，法律处罚轻微，甚或不处分，只把它们看作小过失，有时还的确是由于开玩笑所造成的。武士荣誉之这一有限度应用的结果是，人们过分重视人的价值，把人视为神圣的族类，竟至跟人的天性、体能和命运背道而驰；

本来的想法是，国家既然对于这类小伤害的处罚不够，人就唯有攻击对方的生命或四肢。整个的事件明显是基于人们过分的傲慢，完全忘记人的本原，自以为本身无过、他人绝对不可侵犯。对于那些决心要以武力实行这一原则，并且宣称以“逆我者亡”作为行动指针的人，一定要把他们放逐异邦。

为了减轻这种轻率的傲慢所带来的不幸，人们就习惯于在每一件事上让步。如果有两个勇猛的人相遇，彼此都不肯让步，略有碰撞就会引起一连串咒骂，然后动粗，最后就是致命的一击；他们要是把中间的步骤除去，立刻拿武器解决，才算真正是更为体面的行事。直接诉诸暴力有它自身特殊的规矩，这些规矩后来发展为严格的法律系统和典则，凑在一起构成一出最为庄严的闹剧——一座专门敬拜愚昧之神的庙宇。一般的情况是，两个勇猛的人为了小事争执（比较大的事件仍需要法庭解决），两人之中比较聪明的一个自然会让步，他们将同意各持异见。事实告诉我们，无数不承认武士荣誉的一般人，都会听任争执自然发展。一般人动武而使对方致命的比例，只是占力行决斗之阶层的百分之一，在整个社会的数目上恐怕还不到千分之一，这些人的打斗事件也是罕见的。

其次，有人认为美好社会的习性和风俗，毕竟需要建立于此一荣誉的原则之上，其中决斗的制度是为了防止野蛮和鲁莽之侵袭而建立的堡垒。但是，在古雅典、哥林多和罗马，我们一定能找到优良的社会以及高尚的习性和风俗，而那些社会完全看不出有这类武士荣誉的支持。当然，那时的妇女不像今天这么有地位，现在大家的谈话也大多显得轻浮无稽，跟古人严肃地探讨事理不同。这一变化无疑助长了目前的趋向，把个人的勇敢看得比任何其他的品质都重要，这在现今的高尚社会可以看出来。事实上，个人的勇敢实际是一种从属的品性，我们在这一品性上的表现不如低等动物，要不然，我们不会听到人们说“像狮子般的英勇”。武士荣誉绝不是社会的柱石，它只能为不诚实、奸邪、小过失、缺乏体谅和粗鲁提供确切的保护。这是因为鲁莽的行为大家都静默地予以放过，谁都不想冒死来纠正它。

经过我这一番说明，大家对于决斗制度实行得最为狂热的地方就是政治和财经记录并不怎么荣誉的国家，应该不会觉得奇怪。至于那些国家的私人生活和家庭生活是怎样的，这一问题最好是请教对这件事况有经验的人。很明显，他们是缺乏温文有礼和社会文化的。

这样说，所有那些托词都是站不稳的。更合理的解释是，你对一只狗咆哮，它同样对你嗥叫；你摸摸它，它就摇尾巴了。人们以暴制暴，以敌对奉还敌对，遇到任何轻视或仇恨会感到痛心和不安，人的天性就是如此。西塞罗说：“侮辱和谩骂留下的伤痛，就是深明事理的人也觉得难以忍受。”在这世界上，除了几个教派之外，没有人能泰然地接受侮辱或挨打的。然而，从自然的观点来看，人们对于报复的要求总得跟对方的冒犯程度成比例，怎么也不至于一定要把指责我们说谎、愚昧或怯懦的他方置之于死地。古日耳曼的“挨打得用血偿还”的说法，是令人厌恶的对于豪侠精神的迷信。无论如何，我们要对侮辱采取报复，是由愤怒决定的，而不是出于鼓吹“豪侠”之人士试图添加的荣誉感和责任心。事实是，诋毁的话愈确实，其作用就愈大。对于真正过错的轻微暗示，比之完全没有根据的最猛烈谴责，对当事人的杀伤力要强烈得多；自信没有做错事可以让人家谴责，对人家的谴责就会嗤之以鼻。这项荣誉的原则要求当事人显出他对于受害（其实并未受害）的感受，对于所受侮辱（其实未感到侮辱）就得进行以血补偿的报复。有人要是急切地使用暴力防止仇敌散布不利于自己的言论，一定是他对自己的价值不具好感。

真正欣赏自身的价值，会让我们对于他人的侮辱真正漠不关心。但是如果我们无法不憎恨人家的侮辱，少许的世故和教养会帮助我们隐藏愤怒而且不失面子。只要我们能消除有关荣誉的迷信（认为人一受侮辱，荣誉就告消失，只有以牙还牙，荣誉才可望恢复），只要我们不再让人家的错误、残暴和倨傲因为我们必定抗争而取得合法地位，人们就不会那么期望，大家也就会很快取得共识：侮辱和贬抑他人就会像输家才是胜利者的一场打斗。这将会像蒙蒂（Vincenzo Monti）所说的，“责骂人”好像是教会的游行，它终归是要回到起点的。如果人们能这样看待侮辱，我们就无须粗口回骂，以证明自己没有错。

在武士荣誉这一题目上，我谈论得比较详细，我这么做是有充分理由的，因为哲学是这个世界对付道德和理智上严重问题的唯一大力士。现代生活的社会情况远不如古代，我们可选出两种东西来加以判别，因为这两种东西给现代添加上阴郁、黑暗和邪怪的氛围，而古代是没有的。我所指的是武士荣誉（现代荣誉）和性病（现代病），两者合在一起把人生的一切关系，无论是公是私，都毒害了。性病的影响力，比之初看起来要深远许多，因为它不仅是身体的，而且是道德的疾病。自从爱神的箭囊中发现毒箭，一种疏远的、敌对的甚至是邪恶的因素就进入了男女的关系之中，恐惧和不信任就成为他们交往的经纬线，间接地摇动了人类的同胞亲情，所以就对生存的整个方向多少都有所影响。这题目再谈下去就超出本书的范围了。

跟这相关而性质不同的影响，是由武士荣誉的原则所引起的。武士荣誉是一出严肃的闹剧，古代世界对之一无所知，它却使得现代社会死板、忧郁和怯懦，让人们对每一句话都得仔细考虑。事情不是如此就算。它的原则现在已是到处可见的人身牛头怪物，多少世家子弟每年成为它的贡品，开始时只限于一个国家，目前遍及欧洲每一个地方。现在该是对这一愚蠢制度大胆地口诛笔伐的时候了。现代世界的这两个怪物，希望在本世纪（19 世纪）末之前会消失！

让我们希望，医学界能找到方法防治现代病，哲学家能够靠澄清我们的思想把现代荣誉清除。只有靠澄清思想，邪魔才可望歼灭。各国政府试图由立法入手，但是都失败了。

各国政府若是真实地关心要把决斗制度予以压制，他们努力所获得的小小成功若是的确没有能力对付那一邪魔，我倒是可以提出一条法律，它的效力我是敢保证的。这办法无须采取残暴的措施，执行时也无须使用绞架、断头台或无期徒刑，它只是顺势疗法的简便手段，不会有严重的后遗症。我的提议是：若是有人向他人挑战，或是接受他人的挑战，执法人可以把他带到看守所的大门之前，在光天化日之下打他十二大板，另把附和者和见证人各打六大板；如果决斗已经实际举行过，就把它当作一般的刑事案件处理。

赞成武士荣誉的人也许会提出反对，认为要是这么处理决斗，“荣誉人士”很有可能会自杀。对于这一问题我的回答是，宁愿让这种人自杀，也不让他杀害别人。但是，我深知各国政府对于禁绝决斗并不是真正的那么认真。公务员和军官们（后者更是如此，位居最高者除外），按照他们所担任的职务而言，薪水实在微薄不堪。短缺之数就由荣誉来弥补，荣誉可用头衔和勋位来代表，一般说来，就可用阶级和功绩制度来概括。对于有勋位的人，决斗可说是非常有用的后备马，因此初步训练在大学就已经开始了。决斗的牺牲者是以血液来补充薪水的不足。

为了使讨论完整，让我在这里谈一下国家荣誉。国家荣誉是对于一个国家在众多国家中各自拥有的荣誉而言。因为除了武力的法庭之外，并没有其他法庭可以申诉，每一个国家必得保卫自己的利益，所以一个国家的荣誉不仅在于建立公信，而且要使他国畏惧。任何冒犯其权益的攻击，都不容许轻易得逞。国家荣誉是公民荣誉和武士荣誉的结合。

五、名声（Fame 或 Ruhm）

本章在前面谈到“世人的褒贬”，也就是我们在世人的心目中是怎样的时候，曾经提及的最后一项是“名声”，现在需要我们加以考虑。

名声和荣誉是双生兄弟，像宙斯的双生子波卢克斯（Pollux）和卡斯托尔（Castor）一样，一个是不朽的，一个生年有限。荣誉如蜉蝣一现，名声是他那不朽的兄弟。当然，我所说的名声是最高级的、不折不扣的那一种。我们敢说，名声是有多种的，有些名声只能维持一日。荣誉乃有关每个人在相似的情况下应有的表现，名声所要求的品质则无法期望每个人都拥有。与荣誉相关的品质，是每人都有权赋予自己的，但与名声相关的品质必得由他人承认。我们的荣誉只能遍及于认识我们的那些人，而名声则一往直前，它到哪里，哪里就有人知道我们。每个人都可以认为自己具有荣誉或操守，够资格具有名声的人则很少，只限于已获得异常成就的那么一些人。

这些异常成就可以分为两类，一是凭功业（立功），一是靠作品（立言或创作）。这样，通往名声的道路有两条。在立功这条路上，主要的条件是伟大的心胸；在立言和创作这条路上，需要伟大的头脑。两条大路各有利弊，主要的差别在于功业如过眼烟云，而作品能够保存下来。不管功业事迹是如何显赫，它的影响力是短暂的；但是一部天才作品就是活生生的影响力，可为后世永远造福。事功所能留给人们的只是回忆，并且在岁月中逐渐变弱和变形——我们不再关心某事，最后完全消失，除非是历史将它收养，替它整容，让它形成化石而遗留给后代。著作的本身就是不朽的，一旦成为文字，可传永世。对于亚历山大大帝，我们只知道他的名字与伟业的记录；但柏拉图、亚里士多德、荷马和霍勒斯是活生生的，他们对今天的影响，正如他们健在之时对当时的影响一样直接。《吠陀经》及其所含的《奥义书》至今犹在，而其同时代的所有丰功伟绩就没有一项流传下来。

立功的另一个短处是要依靠机运，因此，人们由立功所赢取的名声并非完全由他们内在的价值而得来，它同时需要情境所赋予的重要性和光辉。再说，例如在战争中，如果由功勋所得的名声完全是个人的，它往往依赖少数几个证人的证词而决定；其实，证人不一定在场，就是在场也不总是公正或无偏心的观察者。以上所说如何确定功勋的弱点，可用其他优点来制衡，功勋具有实际性，能够为一般人所理解，所以，功勋一旦正确地被报道出来，当事人立刻获得报偿，除非有关动机未为人们了解或欣赏。若是不明白其背后的动机，功勋都是不可了解的。

立言和创作的情况正好相反。作品并不凭借机运而肇始，而是完全依赖创作家，只要作品存在，其实质和价值将能保持。此外，适当地评定作品是困难的，品格愈高，评定愈是困难，有时是缺乏了解作品的人，有时是批评家抱有成见或是不诚实。但是，作品的名声并不依靠一位裁判，它们会向其他裁判诉求。至于功勋，正如我所说过的，它只存在后代人的记忆中，而且只是人云亦云罢了；但作品是本身流传下来，除了部分有所散失之外，大多是以当初的形式留下的。在这种情形下，没有篡改事实的余地，任何对作品有所偏颇的判断，由于时间的流逝而荡然无存。往往是经历过一段时光，才有真正能评定某作品的人出现——独特的批评家专门评定独特的作品，连续地发表有分量的评语。这些意见整体地构成完满的正确的欣赏，虽然有些情况是经过几百年才得到重视；此后任凭更多的时光流逝，也无法改变这一鉴定——伟大作品的名声是稳固而必然的。

作家在有生之年是否能看到自己名声的曙光，要依赖机运，其作品愈为高尚和重要，其可能性愈少。塞涅卡有一句说得漂亮的话，“名声确然伴随作品的真正内在价值，如同身体投出的影子一般，有时投落在前面，有时在后面”。他继续说，“虽然有同时代的人，会用一致的沉默表达妒忌，但不含敌意不偏私的评判到底会到来”。从这些话很明显可以看出，即使在塞涅卡的时代，也有可耻之徒了解用恶意忽视某些作品的存在，来达到压制他人的真正优越价值；还有就是不让公众见到好的作品，以便推介坏作品。到今天，这手法依然深为他们赏识，它表现于“一种密谋式的沉默”之中。

一般言之，越是可能持久的名声，其出现的时间会迟些，因为优越的作品需要时间发展。能维持到后代的名声像是一棵橡树，生长很慢；持续短暂时间的名声，像是一年生的植物，之后就死去；虚假的名声像菌类，一夜之间生长出来，马上又枯萎。

为什么呢？理由如下：某人愈是属于后代，换句话说，某人愈是属于全体人类，他愈是被他的同代见弃。因为他的作品并不是那么简单地就适合他们，而是需要他们对人类大众有认同感之后；他的作品没有他们所熟悉的那种能吸引他们的地域风格，他的作品对他们是陌生的，未能获得大家的认可。能够抓住一时风尚和精神而做出贡献的人，是属于他本人的时代的，他生于斯世，死于斯世，最能为他的同代所欣赏。

艺术和文学的通史告诉我们，人类心灵的最大成就，在初时大多都不会顺利地被接受的。那些杰作长久地默默无闻，直到它们赢取到一批才智较为高超的人士的赏识，再由于这些人的影响力，才得以置身于它们所得到之维持不变的地位，这也由于有关作品已取得权威性。

如果要找理由，我们就会发现，人们到头来真正能了解和欣赏的东西，总是合乎自己的性格和气质。笨人喜欢笨东西，普通人喜欢普通作品，观念不清的人会被杂乱的思想所吸引，没有头脑的人对于“愚昧”有好感。最好的例子是，每个人喜欢自己的作品，因为其格调完全跟自己相配。古代传奇人物艾比察姆斯（Epicharmus）留下一首希腊文歌词，现在由我译为现代文，以广而告之：

> 我当然根据己见说话，
> 他们无不沾沾自喜，自以为
> 值得赞赏。对于犬，犬是
> 最上等，牛认为牛最上等，
> 驴以驴为贵，猪以猪为贵。

轻如羽毛之物，即使由最强壮的手臂抛出，也无法让它加速前进，有力地击中目标。相反的，极轻之物因为自身缺乏实体以吸收外力，它被投出后会很快往下落。伟大而高贵的思想，还有天才的伟大杰作，如果欣赏者尽是狭隘、柔弱和刚愎的心灵，会遭到同样的处境，这一事实让自古以来的智者无不如此同声慨叹。例如，小西拉·耶数（Jesus ben Sirach）就说过："跟笨人说故事，像是跟熟睡的人说话。你说完故事，他会问，怎么回事？"哈姆雷特（Hamlet）有言："一句妙语在愚人的耳中沉睡了。"歌德也说：

由愚笨者的耳中听来，
最妥当的话也受到讥笑。

还有：

你的努力徒然，世人如此愚蠢。
高兴吧！不会产生涟漪的，
当你把石子扔向沼泽。

利希滕贝格问道："一个脑袋和一本书相碰，发出空洞洞的声响，那空洞洞的响声不会老是出于书本吧？"在另一处，他说："这样的作品像一面镜子，如果照镜子的是驴子，镜子里不可能是圣徒。"神甫格勒特（Father Gellert）有一篇美好动人的挽歌，值得我们再读一次：

最佳的礼物往往找不到什么赞美者。
大多数人把最坏的当作最好的。
这恶事每日见到，这瘟疫如何避免？
我怀疑人类的世界能把它去掉。

医治世间的良方真是万分难以获取！
要愚人变得聪明，但这事办不到。
人们不知道事物的价值。他们只用
肉眼看，从不用心眼看。他们赞赏
琐屑之物，因为不知“美好”为何物。

正如歌德所说，人们不但缺乏智能，无法认识和欣赏世上的美好事物，而且道德卑劣，这是到处都见到在发生的，此刻是以“妒忌”的姿态出现。人一有名声就高出同辈的头顶，后者自然相对地变得低下；一切显赫功绩的取得，都需要一般人士付出代价。歌德在《西东诗集》里曾这么说：

我们赞颂他人，
就是贬抑自己。

大家可以看出，每有杰出的事物出现，占绝大多数的平庸之辈就会不谋而合地群起排斥，如果可能，还会加以压制。这一伙人的勾结暗语是“打倒优越”。此外，就是有过一番作为也享有一些名声的人，同样也不喜欢新的名声出现，因为其他人的成功会掩盖自己的光辉。因此，歌德有这样的话：

如要等待别人准许
我才可以出生，
我就仍然不在人世。
你可能知道，当你看见
他们如何忽视我，

他们那么摆架子，
在炫耀，在展示货色。

相反的，荣誉或操守一般都会获得公正的赏识，不致受到妒忌的攻击，这是因为每个人都拥有荣誉或操守，除非有关人已被证明名誉扫地。但是名声是要克服他人妒忌靠争取而得的，颁发名声的仲裁庭的裁判，根本都是对申请人有偏见的。荣誉是我们能够也愿意跟他人分享的，名声却容易受到侵害，求名的人愈多愈不容易获得。再者，一部作品赢取名声的难度，与可能存在的读者的数目成反比；其著作具有真才实学的作者要成名，比之只想通俗而讨好读者的作者，会困难许多。哲学著作是最难成名的，因为他们要想达到的效果是模糊的，而从物质的观点言之，却是毫无用处。他们所能吸引的读者，主要都是气味相投的同行。

从我以上所说的来看，事情就很明白，如果不是由于自己的爱好和兴趣，而是出乎野心的驱使，大概永远不会有人为人类留下宝贵的不朽作品。凡是要寻求真善美的人，必须躲开"恶"，并且准备跟公众甚至是轻视公众的评判及其代言人的评判相对抗。所以，奥索留斯（Osorius de Gloria）特加强调的下面这句话，实有至理，"名声躲开追求它的人，却去追求躲开它的人"，只因为前一类人让自己迎合当代人的品位，后一类人敢于反抗。

但是，名声虽然难于求得，一旦求得之后却是容易保持。在这方面，它又是跟荣誉对立的，因为后者可以认定人人都本来具有。荣誉无须赢取，可就是不能够丧失，这就是它的难处所在！只要一次不当行为，荣誉就丧失殆尽。但是名声照理说是永远不会消失的，因为借以赢得名声的功绩和作品不至于冰消瓦解；名声是伴随立功者或创作者的，尽管他后来没有再做什么。那些会消失的名声只是虚假的，或者说是名不符实的，只是出于一时的过分估评。至于黑格尔所享有的那种名声，就更别说了，利希滕贝格对黑格尔有一段描写说：“他那样的名声，是由头脑空空的一撮崇拜他的大学生鼓吹出来的。后代的人哪天光临他那一所用古怪言词砌成的建筑，看到它徒有其表，结构老套陈腐，而且到处空空如也，没有一丝丝思想敢于出面邀请访客。对于这种名声，只好付诸一笑了。”

名声说到底不过是一个人与其他人相比而已。基本上，名声以性质而言是相对的，所以只有间接的价值，一旦其他人都变得跟“名人”一样有名，他的名声就完全消失了。绝对价值只可能是人们在任何情况下都持有的，这就只能是直接的就其人而言所具有的本质。所以，值得具有的是伟大的心胸或是伟大的头脑，而不仅仅是有关的名声，导致幸福也借赖个人的本质。我们应该重视的是那些能赢得名声的本质，而不是名声的本身。人的本质就像是真正的基本的实体，名声只是一种偶然，要是会影响到本人，就主要因为它是一个外在的表征，能用来确认他对自己的看法罢了。光线未遇到反射体，我们是看不见的；“天才”只有听到外面名声的喧嚣，才对自己有把握。但是，名声不是“优越”的一定的象征，因为我们可能只具有两者之一，而缺乏另一者，莱辛（Lessing）说得好，“有些人得到名声，另一些人却值得有名声而未得”。

我们的存在是否具有价值如果需要依靠别人来认定，我们的生命是可悲的；但是，如果把我们存在的价值看作是名声，当作是世人的赞许，那么，英雄或天才的生命就是如此。每个人都需要自立，主要是靠自己为自己而生活和生存，所以个人的本质和自己的生活模式，对本身最为关切；如果一个人在这方面的价值不高，他在其他方面的价值也不可能多么高。别人对他的生存的看法是次要的、衍生的，对于他本人的影响说到底是间接的。此外，别人的头脑不是寄存一己真正幸福的理想地方——在他人的看法上只可能找到幻想中的幸福。

在“寰宇名声之殿”占一席位的人士是多么杂沓——有将军、大臣、庸医、玩把戏的、唱歌跳舞的以及百万富翁等等！在这座殿堂里，诚挚的称许和尊敬只是给予前面那些人的高明伎俩，而对于心灵卓越特别是鹤立鸡群的人士，大多只得到一两声口头上的认可。

从人的幸福的观点而言，名声不过是满足骄傲和虚荣心的胃口的珍贵小食。这一胃口，不管是如何仔细地掩饰，在每个人之中都是极强烈的，对于那些决心不惜一切代价想要成名的人，也许是最为强烈的。极力想要成名的人，通常有一段时期对于自己的价值无法肯定，必须等到机会来临才加以证实，让别人看看他是什么材料；在那之前，他总会觉得在世间遭受到暗中的不公道。①

但是，正如我在本章开始之际所说明的，我们对于他人的意见所定出的不合理的价值，已经达到跟其真正价值不相称的地步。霍布斯（Hobbes）对这个问题具有肯定而正确的见地，他写道：“跟他人相比，觉得自己胜人一筹，心情愉快和各种狂喜便因而产生。”所以，我们不难了解名声的巨大价值，只要有万分之一的希望，大家就愿意牺牲一切去争取。

---

① 我们获得称赞时最为开心，但那些会称赞我们的人，即使他们一定会称赞我们，也是迟于表达那种情绪的。所以，最开心的人乃是，只要别人不侵扰他，他总是能想办法认真地赏识自己。

> 名声驱使我们清醒的精神
> （高贵心灵未能免除的毛病）
> 轻视欢乐而刻苦耐劳的生活。
>
> ——弥尔顿，*Lycidas*.

还有：

> “名声”的雄伟殿堂在高耸的远处闪亮，
> 爬上去可不容易！
>
> ——Beattie，*The Minstrel*.

这样，我们就明白，世界上最为虚荣的人，为什么总是把“光荣（la gloire）”挂在嘴上，心中却深信它可以作为建立伟大功绩和创造杰作的鼓励。但是，名声在性质上是次要的，它只是优良品质的回声或是影子。无论如何，那种导致人家赞美的优秀品质和伟大成就，比之赞美的本身更具价值。真相是，名声不能使得一个人快乐，使得他快乐的是能为自己带来名声的优秀品质，说得更明确一些，就是人们在德行上或是在才智方面所借赖的高尚性格和卓越能力。个人最好的天性必然对本人最为重要，至于他人对一己怎么个想法，也就是个人天性之反照所得的影像如何，对于本人的影响程度实在是微乎其微。有幸获得名声而未得名声的人，便是拥有使人快乐和幸福的重要因素，应该能安慰自己未能得到次要因素。令我们羡慕的真正伟人，其地位是由他们的真正伟大而建立的，不是那些靠不知好歹而盲目的大众所捧出的大人物；伟人的快乐不在于后人会记得他，而在于他所创造的思想值得珍藏，在往后的长时期会有人研究。

此外，如果一个人有这种成就，他所具有的东西是别人无法夺走的。这种东西跟名声不同，它是完全靠自己而获得的。如果把赞赏当作主要目标，被赞赏的对象必定是不相称的。浪得虚名的情况就是如此，因为当事人借靠它而生活，而其人并无真才实学做基础，名声不过是这种基础在外表可见的象征而已。侥幸所得的名声有时还会让当事人困窘，因为总会有那么个时候，尽管沉浸于自我欣赏的错觉中，他会觉得未曾高爬而位于高处的晕眩；或是把自己看作伪造的钱币，处于害怕被揭发而身败名裂的痛苦之中，他在智者的前额上读出后人对他的判决，他好像是靠假造遗嘱而占有财产的人。

死后到来的名声是最真实的，虽然他本人并未领受，然而他却可被称为幸福的人。他的幸福在于他既有让他获得名声的伟大品性，他又得机会发展自己——他有悠闲且可以随心所欲而有所作为，让自己全力从事个人所喜爱的事业。出于心灵深处而完成的作品，才可望获得桂冠。

使得人们幸福的是伟大的灵魂，或者说是才智上的富足。这种才智一旦在成品上得以展露，将会获得未来多个世纪的赞赏，其思想能使本人在生时快乐，到以后又成为久远后代之高尚心灵的研究对象和喜悦的源泉。身后名声的价值，在于其人一定值得赞赏，这是自然而然的报答。注定可得名声的作品是否在创作人有生之时可以出名，完全凭靠机运，并不太重要。一般人并无评鉴能力，绝对无从赏识伟大作品的玄奥。人们总是受权威的左右，在名声广为普及之处，百分之九十九都只是凭借信任。如果生时就名扬四海，智者是不会过于珍视的，因为那不过是他适逢走运，几个人的声音传开而有回响罢了。

一位音乐家看到听众们大肆鼓掌叫好，如果他知道听众们几乎都耳聋，而且为了掩饰弱点，他们一看见有一两个人鼓掌，就立刻跟着用力拍手，你想这位音乐家会感到喜悦吗？如果他又晓得这一两个人是受雇以确保这个最无才分的表演者获得最响亮的掌声，他又会说些什么呢？

不难看出，为什么同时代的称赞很少发展成为死后的名声。达朗贝尔（D'Alembert）有一篇极为精辟的描写文学殿堂的文章，他写道："这所殿堂的正厅所居住者，尽是生前不能占得席位、现在已经过世的伟人，还有极少数的几个活人，后者在死后就几乎都被赶出去。"让我在这里顺便说一下，为某人在他在世时立碑，等于是宣称后人对他的评断是不可靠的。万一有人看到自己名副其实的声誉得以实现，很少是在本人老迈之前，文艺家和音乐家是例外，哲学家则绝无仅有。这点可从凭作品出名之人的肖像得到证实，因为这些肖像大多是主人翁获得名声之后才得以绘制，一般都是苍老的，特别是以哲学为终生事业者。从幸福快乐的观点言之，这是很适当的安排，一个凡夫俗子又有名声又有青春，怎么说都是过分的。人生的处境并不是富裕的，任何好东西都必须厉行极度的节约。青春就是一笔大资产，享用不尽，人们应该心满意足。年老时生命的喜悦和欢乐逐渐消失，就像秋天树木的叶子，名声宛如冬天的一棵常青树，适时地发芽生长。名声又好比必须在整个夏天生长才适合在圣诞节享用的果实，在年轻之际用尽全力所完成的作品，在自己年老时仍然感到它青春依旧，该是一生最大的安慰。

最后，让我们较为仔细地探究一下各种学艺与智力活动所可获得的各类名声。我的讨论所拟直接针对的，就是这些名声。

概括说来，我认为心智上的优越性在于建构理论，也就是把若干客观事实实行新的组合。这些事实的种类极为不同，但是，大家明白愈是事实，事实愈是在日常经验的范围之内，如果把这些事实加以理论化，所能获得的名声就愈为广阔。例如，要是有关的事实是数字、线条或是某专门科学，诸如物理学、动物学、植物学、解剖学、古文献考证或是疑难史料探索，学者们因为正确地运用有关材料而获得的这类名声，大多不会超出各个学术圈子——人数不多，其中大部分过着与世无争的日子，对于在其他专业享有盛名的人感到羡慕。

但是，如果研究的资料是每个人都知道的，例如人的心灵或心脏的基本特征，或是经常在我们眼前出现的物理现象，或是自然律的一般规则，要是在这些方面提出明确而实在的新理论，对有关资料有某一新的理解，这样赢得的名声不多久就会扩展到整个文明世界，因为资料既是每个人能了解的，其理论也一般是明白的。可是，名声的程度则需要看所克服的困难而定。资料愈为大家所了解，要建构既新又合乎数据的理论就愈为困难，因为有许许多多的脑子都为这些问题在忙碌，要提出前人未曾说过的话，可能性很少，甚至是零。

另一方面，大家不轻易见到、只有经过几许困难和努力才可望获得的数据，总是容许新的组合和理论；只要有正确的了解和判断（并不涉及多么高的智慧），锲而不舍，要找到某一合乎实情而崭新的理论，机运就不难降临。但是，在那些道途上获得的名声，很少能够超出同行小圈子的周围。解决这类的问题，仅仅就是在了解数据上，无疑也需要大量的钻研和辛勤劳动。然而，在那可获得最大、最广阔的名声的道路上，要掌握有关资料，可能不费吹灰之力，但是，愈是不需要费气力，就愈需要才气或天分。在此等才分和辛苦钻研之间，不管是在真实价值方面，或是在得到人们尊敬方面，根本就无从比较。

因此，感到自己具有良好的理解力和正确的判断，但不是天分最高的人，就不应该害怕辛苦钻研。因为一般人所掌握的只是眼前的一些事实，不怕辛勤钻研的人不难出类拔萃，到达只有靠苦学才得门径而进入的幽静地带。在这领域中，敌手非常少，只需中等才能之人不久就可找到既新又符合数据的理论。了解他所研究的主题的，只是同一领域的一些学者，他们的鼓掌声传达到那些远处的大众时，声音已是非常微弱。但如果他遵循这条路线走下去，到末了他所拥有的各种资料，因为它们难于获得，就足够建立名声，而不必去建构什么理论——这好比一个人到遥远而不为人知的国家旅行，他的见闻就能使他成名，他的思想反而无用了。这类名声的大好优点在于，说出本人的见闻，远比把思想传授给别人容易，人们要领悟描述不难，要了解思想就艰辛得多；阅读这两类文字的情形相似，一类要比另一类困难。阿斯穆斯（Asmus）说：

> 每当游子漂泊异地归来，
> 他总有奇闻可谈。

尽管如此，要是私下认识一些知名的旅行者，当会让我们想起霍勒斯的一句话：

> 旅行海外的人经历过不同气候，
> 但原本的爱好和想法还是一样。
>
> （《书函集》，I.2.27）

但如果有人发现自己拥有大智力，独自就有能力着手解决所有难题中的难题——宇宙之间的，还有人类中最大规模的，他大可朝各个方向平衡地扩大他的看法，避免在错综的小路上迷失，或是深入偏僻的地区。也就是说，不要为各专门学科过于分心，对其中之某些细节更不必说，他无须为了逃开一大群对手而选择艰难的学科。人生中的共同问题尽有大量的材料，让他建构既严肃而又合乎理据的新理论；他做出的贡献，将会获得了解他所处理题材的一伙人所欣赏——这伙人毕竟是人类的大多数。在专攻物理学、化学、解剖学、矿物学、动物学、文献学、历史学及其他专科的那些学者，与探讨人生大问题的文学家和哲学家之间，其差异真有天渊之别。

第五章

劝语与箴言

Life consists in movement, says Aristotle; and he is obviously right. We exist, physically, because our organism is the seat of constant motion; and if we are to exist intellectually, it can only be by means of continual occupation—no matter with what, so long as it is some form of practical or mental ativity.

亚里士多德说得对，生命就在于动。我们之所以存在，从实质上说，是因为我们的有机体是不断运动的所在。如果我们要明智地生存，就得不断地使自己有所作为——不管做什么都行，只要是一些实际的或内心的活动。

在这一部分，如果要提出一套指导人生的完整文献，我就得重复无数的隽语箴言（其中有一些绝妙之语）——那些由各时代的思想家，从泰奥格尼斯（Theognis）和所罗门到拉罗什富科（La Rochefoucauld）所留下的心血。我要是那么做，不可避免地会让读者面对大量的陈词滥调。

既然未能对题目有详细交代，在很大的程度上，著者也得放弃有系统地安排题材。对于这样的双重损失，读者可以告慰的是，在指导人生这一题目上，如果要求予以详尽而有系统的处理，整个作品几乎一定会沦为无趣乏味。我只是写出我的思想中值得写出的——一些据我所知还没有别人说过，无论如何，别人还没有用同样形式表达的思想。我的讨论可以对这一广大的领域所已获得的成就有所补充。

但是，为了让众多不同的见解和忠言在这里做出有次序的介绍，我将把有关材料区分为总的看法、处己之道、为人之道以及如何对待世道和命运。

一、总的看法

1

人生的睿智行为的首要规则，在我看来，包含于亚里士多德在《尼各马可伦理学》(VII.12) 中所提到的一个观点，原文可译为：明智人士所致力从事的是免于痛苦，不是寻求欢乐。

这句话的真实性，在于申述一切欢乐和快乐的消极性质，也就是指出一项事实：欢乐只是不具痛苦，痛苦却是人生中无法避免的成分。虽然这一命题我在我的主要著作《作为意志和表象的世界》（第 1 卷第 58 节）中已提出详细的论证，但我在这里还是需要增列一个在日常环境中时时可发生的例子。设若除了某小处有点痛楚，我们的身体是完好健康的，这一小处的痛楚会完全占据我们的注意力，使我们失去整体的幸福感，并摧毁我们生活中的所有安乐和舒适。同样的，除了一事未达到目标之外，我们所有的其他事情都尽如心意，这一件事就会不断地烦扰我们，虽然它不过是无关紧要的一桩事；我们总想到这件事，很少想到我们做得极为成功的更为重要的其他各种事。在这两个事例中，都是我们的“心意（意志）”受到挫折，其中一个事例，是挫折具体地发生在我们的有机组织中；另一个事例，是它出现于生活的挣扎之中。这两个事例都说明，心意的满足在于完全不遇到阻挠。因此，快乐给人的满足，并不是直接感受到的；充其量，只有我们在考虑到我们的状况时，我们才觉得有快乐这么一回事。但阻碍或是钳制我们心意的缘由，却是确实的，它会不折不扣地宣布自身的存在。所有快乐的维系都在于把这一钳制除去——换句话说，把我们从心意的控制中解放出来，是以快乐这种状态从来不会维持得很长久。

上面我们引自亚里士多德的绝妙规则，要求我们尽可能地把目标朝向避免人生中的无数不幸，而不在于求取其中令人欣喜和惬意的事物，其真实根据就在这里。如果这些话没有指出一条可采择的正确途径，那么伏尔泰所说“快乐不过是梦，忧伤却是现实的”[①]便是妄语，而事实上他的话十分可信。一个人想要评估自己的一生是否快乐，一定需要把他所逃过的各种劫数一一记下，而不管他所曾享受的欢乐，这也是“幸福获致术”的不二法门。因为“幸福获致术”的起始，就是先承认它的名称本身就是委婉

① 原文为：Le bonheur n'est qu'un rêve, et la douleur est réelle.

说法，“生活幸福”就是指“生活不是那么不幸福”——度过一个可以容忍的生活。毫无疑问，我们之所以获得生命，不是去享受此生，而是克服此生的困难——走完人生路。有无数的说法都用来表达这个意思。例如拉丁文的“熬过一生，战胜生命”①，或是意大利文的“但愿能度过此生”②，还有德文的“我们必须竭尽所能过日子”“吉人天相”③，等等。到年老时，想到毕生的任务已经功德圆满，不能不是莫大的安慰。最快乐的命运，不是去体验到最怡人的欣喜或是最大的欢乐，而是我们把生命带到终点时，未遭受到身体或精神上的巨大痛苦。拿我们所体验的欣喜或欢乐，去衡量一生的快乐与否，是采用了错误的标准。因为欢乐毕竟是负面的，认为欢乐会产生快乐是一个错觉，是受到羡慕心的偏爱所致，难免不最后获得惩罚。痛苦予人的感觉是不折不扣的，痛苦不存在是快乐的真正标准。如果我们未遭受痛苦，而且又不觉得生活枯燥，世上快乐的必要情况都已经达到，其他一切都是虚妄的。

这么说来，我们绝不应该用痛苦的代价去换取欢乐，即使只是局限于招致痛苦的风险，也不应该去冒犯；要是那么去做，就是以正面而真实的去换取负面和虚幻的，但为了避免痛苦而牺牲欢乐，却是有纯利可得的。至于痛苦是跟随在欢乐之后，或是在欢乐之前来到，都是无关紧要的。企图转变当前苦难的情景，使之成为欢乐之园地，致力于争取欣喜和欢乐，而忽视获致最大可能地免于痛苦——可是多少人都这么做！——完全是违反天理。

---

① 原文为：Degere vitam,vita defungi.

② 原文为：Si scampa cosi.

③ 原文为：Man muss suchen durchzukommen,er wird schon durch die welt kommen.

因此，采取悲观的看法，把世界看作一种“地狱”，集中我们的努力，让一个狭小的空间不受到炼火的侵袭，不失为明智之举。愚蠢人追求生活中的欢乐，结果发现受骗；明白人却避免其中的祸害。后一类人要是遭遇不幸（尽管他们小心翼翼），那是命运的过失，不是出于自己的愚昧。只要谁的努力还算出色，我们不能说他在错觉中度过一生，他所躲过的祸害是千真万确的。即使他过分努力逃避不幸，无谓地牺牲了一些欢乐，他在实际中并未因此蒙受损失，因为所有的欢乐都是虚妄的。为了失去任何欢乐而悲叹，是肤浅甚至是可笑的行为。

乐观的想法导致我们未能认识这项真理，是多少“不幸”的来由。在我们免于痛苦之际，我们心中不守本分的意欲，替我们指出某种虚幻的“快乐”的影子，诱惑我们去追随“快乐”。照着那么做，我们会招来痛苦，而痛苦是千真万确的。事后，我们将会以惋惜之心，看待那种已经丧失的无痛苦的状态。一个乐园我们已经赌光了，乐园不再在我们身边，我们盼望能毁弃那已经造成的错误，可这是徒然的。有关这些愿望的幻象，我们大可以假想是某些邪魔作祟，这些幻象的发生无非是诱惑我们离开那种无痛苦也就是构成我们最为快乐的状态。

一个少不更事的年轻人可能会想，这个世界就是供给我们享受的，它是真正的不折不扣的“快乐”的定居地，只有不善于克服沿途困难的人们才会找不到快乐。每当他读到诗歌和传奇小说，加上又被这世界的彻头彻尾的表象所欺骗时，这一错觉就更是深植于他的心中（关于这一点，我在稍后还有几句话要说）。结果是，他的生活总是在刻意追求真正的快乐，他还把快乐看作是一连串的确实的欢乐。在寻求这些欢乐之中，他会遇到困难——这个事实我们需要谨记，他在猎取并不存在的猎物，因此，他到后来遭受到一些非常真实而且确定的不幸——痛苦、困顿、疾病、损失、忧虑、贫穷、羞辱，以及人生中成千的所有不幸。等到他发现这一鬼把戏在他身上玩耍过，为时已晚。

但是，如果我们遵守上面提出的规则，采纳一个以躲避痛苦为上的人生计划，换句话说，采取谨慎的手段对付贫困、疾病以及所有形式的苦难，其目标就极为具体，我们一定可达到相当的成就，因为我们的计划未着眼于直接地获取快乐，并未受到幻象的扰乱。这些话符合歌德在《亲和力》[1]中表达的意见，该作品中有一个人物叫米特勒（Mittler，和事佬），他总是尽力让人家快乐，歌德借他的嘴说出：企图去掉不幸是一项明确的目标，但希望具有优于自己已有的命运，是盲目的愚蠢。同样的真理，在那美好的法国谚语中找到——接受现实吧！[2]这些也是犬儒学派之哲学系统的首要思想，我在我的主要著作（第2卷第16章）中已经谈到过。犬儒派人士彻头彻尾地驳斥欢乐，他们为什么会这么做？是不是痛苦总是或多或少地和欢乐纠缠在一起？对于他们来说，脱离苦海比之获得欢乐，似乎要容易得多。他们对于欢乐的负面性和痛苦的正面性的印象极为深刻，于是就不断地努力，致力于避免痛苦。按照他们的看法，要达到上述目的的第一步，是彻底而刻意地拒斥欢乐，他们认为欢乐的作用在于套住世人，让他们深深陷于痛苦之中。

正如席勒（Schiller）所说的，我们都诞生在一个恬适的理想世界。换句话说，我们来到这个世界，都充满对于快乐和幸福的憧憬，并且希望确实能一生完美。但是，一般来说，命运总是不

① 原文为：Wahlverwandtschaften（Elective Affinities），或译为“有择亲和性”。

② 原文为：Le mieux est l’ennemi du bien.

客气地老早教训我们，我们并不能真正拥有什么，世上的每样东西都由它统驭，对于我们所具有的一切——我们的配偶或子女，甚至我们的手臂和腿、眼和耳以及脸部正中的鼻子，都掌有无可争议的权利。在任何情形下，我们不久就会从经验中领会到，所谓幸福和欢乐都不过是海市蜃楼，从远处可以见到，接近时就消失了；在另一方面，折磨和痛苦却是千真万确的，其现实性无缓冲余地，不容许妄想或虚假的希望置身其间。

如果经验的教训对我们产生效果，我们不久会放弃追逐欢乐和幸福，多想想怎样使自己获得安全，不受痛苦和折磨的侵袭。我们知道，世上最理想的生活，莫过于没有痛苦的生存——一个平静可忍受的生活。我们可以把我们的要求限定在这个范围内，即不超出我们比较有把握可望获取的一些事物。因为不想终生困苦的最安稳的途径，是不企盼自己非常快乐幸福。歌德年轻时候的朋友梅尔克（Merck）必然深悟这句话的真理性，他这么写道："人们对幸福有所要求的方式是可怜悯的，这也与他们的欲望息息相关，竟致把世上的一切事情都败坏了。人们如果能把这项要求抛弃，除了眼前已有的东西以外，一无所求，就会有长足进步。"（见《梅尔克来往书信》[1]，第 100 页）这么说，把我们对欢乐、财产、官位、声誉等的期望，加以很合理的限制，是值得采纳的。因为这种试图获得幸福、显赫人世、一生都充满欢乐的努力奋斗，会为我们带来极大的不幸。对人生有所要求就会很容易不快乐，而想要生活快乐，实在很难甚至是不可能的。明白这一道理，我们当会减低对人生的要求，认为这就是明智的。一位深知人生智慧的诗人的颂歌，确有至理：

---

① 即"*Briefe an und von Merck*"。

中庸之道最好——
居屋不在污秽陋巷，
又非他人妒忌之所。
巨松被风无情地摇撼，
大厦沉甸甸地倒塌，
最高峰被雷暴击中。

——霍勒斯（《颂诗》，Ⅱ.X.）

衷心接受我这一番哲学观点的人——他们自然知道我们的整个生存并不理想，睥睨人生乃最高的智慧——对此生的任何事物和情况，都不抱奢望。这些人不把热情消耗于尘世的事情，如果事业失败，也不过分伤心。他们会觉得柏拉图说的话（见《共和国》，X.604）乃至理名言，“世上的事情不值得忧虑”；还有，就是一位波斯诗人所说：

虽然世俗的万物从你掌握之中溜走，
不必忧心，因为它们没有价值；
尽管整个世界为你拥有，
不必高兴，尘世的东西不过如此。
我们该向另一更好的寰宇
找归宿，快一些，无物有价值。

——安瓦里·索赫利

（见 Graf 译、Sadi 所著 *Gulistan* 的题词）

我们之所以不能领悟出上面那些有益的观点，其主要障碍是源于我曾谈过的世界的假象——这一假象必须早日让年轻人明白。世上大部分的富贵荣华，都只是外表，像舞台上的布景，没有东西是真实的。船上挂着彩带和旌旗，鸣炮，灯火通明，击鼓吹号，叫喊和鼓掌——这些都是“欢乐”的表象和做派，如同象形文字一样，但照例寻觅不见的就是欢乐。他是唯一在佳节推辞出席的客人。在真正可能发现这位客人的地方，他一般都是不请自来的；没有人正式宣布他的到来，他只是平静悄然地入场，常常都是在最平常的场合出现，在最普通的人群中，在任何地方，但就是不光临辉煌显赫的上流社会。欢乐很像澳洲金矿地区的金子——有时出其不意地被发现，没有准则；金子最常见的是微粒，也很少会成堆地在一起。刚才我们所说的一切表象，只是试图让人们相信，“欢乐”真的已出席盛会。让旁观者获得这一印象，事实上，是其全部的目的。

丧葬的情形也一样。长长的送殡行列，慢慢地向前移动，多令人悲伤，多迤逦的一列列车辆！但只要你往车子里面看——里面全是空空的，护送死者到墓地的只是全城的马车夫。这是关于世上友谊和尊荣的多么生动的情景！这就是人世的欺骗、空虚和伪善。

另外举一个例子——厅上全是盛装的贵宾，一概得到隆重的接待，你几乎会认为，这是一群高尚而有名望的人士。然而，事实上，真正的贵宾都感到无奈、痛苦和烦闷，因为受邀的人多了，就无非是乌合之众——即使他们在胸前都佩戴有星章绶带。说真的，理想的社团或聚会都必然是小型的。每逢灿烂的佳节，或是热闹的应酬，到底总是有几分空虚的意味，我们所见是一种虚假的气氛。这些聚会跟我们痛苦和无聊的生存，简直成了怪异的对照，这种对照让真实的情况更为突显。不过，从表面看来，这些聚会是精彩的，这也就是它们的目的。尚福尔（Chamfort）[1]说得好，“社团、社交圈、沙龙等所谓高级社会，就像一出坏戏，它本身没有任何意思，只是靠机关、服装和布景支撑一些时候”。

一些学府和哲学讲座也一样。他们把另类的招牌挂出去，指明他们是“智慧”的所在地。可是智慧是拒绝邀请的另一位贵宾，它只在别处露面。钟铎的响声，传道者的袍褂，专一的态度，狂热的古怪行径，这些都是“虔敬”的伪装和假戏，不一而足。世上的各种事物，几乎都像一个空空如也的坚果，果仁绝无仅有，就算有一粒小小果仁，大概很难在壳中找到。你尽可在别处找，找到它通常是碰巧。

2

要估量一个人的心境是否快乐，不必问什么东西会使他高兴，而是问什么东西让他感到烦恼。这些东西的本身愈是细微，那个人就愈是快乐。为小事感到苦恼，他必是身心情况尚可；一个不幸的人，对小事是不会有所觉察的。

3

我们要小心，不该把人生的幸福建筑在广大的基础之上——不能要求拥有许多条件以保持快乐。快乐要是建筑在那么大的基础上，最容易受到破坏，遭遇不幸事故的机会也因而增加，而不幸事故总是会发生的。在所有其他事情上，基础愈广阔，安全性就愈大，但“快乐”的建构所依循的蓝图，与前面所述情况恰恰相反。所以，把你的要求降低到极度（这是跟你的资产相对而言，

---

① 英译者注：尼古拉·尚福尔（1740—1794），法国多才作家，其言谈字字珠玑，讥讽和警语充满力量，且事业成就非凡，成为当时最有趣和卓越的人士之一。叔本华无疑得益于这位作家很多，他时常引述这位法国作家的话。

资产的类别是多样的），是避免极端不幸的最可靠的途径。

为我们的一生做周详的准备——不管是哪种准备，是最常见而且最严重的愚蠢行为。这种准备，首先是假定我们会长寿，我们可能活到人类的最长天年——有多少人能活那么长久？即使能活那么久，对于所完成的计划而言，就太短了，因为要实现那么多计划，需要的时间超出我们在开始时所想到的。然后，沿途有多少事故和障碍？在人世中究竟有多少人达到目标？最后，纵使目标达到，我们总是没有顾虑到时间对我们的影响：不管是我们工作的能力，还是享受的能力，不可能一辈子都一样。因此，我们全力以赴希冀获得的东西，往往在得到的时候，才发现它已经不适合我们；还有，我们为某伟业做准备所用去的岁月，无意中剥夺了我们去贯彻它的力量。一个人不惮繁难和危险所累积的财富，常常是自己无法受用，勤劳所得只能留给他人；或者是，他多年努力奋斗所获取的职位，他并没有能力担任。对他而言，幸运来得太晚；从另一方面说，他自己抵达得太晚，无法享受幸运。例如，这个人想在艺术或文学上有大成就，而大众的品位可能已经改变；或是新一代已经成长，对他的作品不感兴趣；或是有人抄近路而走在他的前面。这些在人生中随处可见的事例，霍勒斯在慨叹劝言无用之际，是必然显现在他的心目之中的：

> 软弱的心灵无法完成永世雄图，
> 为什么还要去折磨它呢？
>
> （《颂诗》，Ⅱ.Ⅺ）

这一最常见的愚昧行为，是由于心理上的幻觉所引起，是每个人都不能完全免掉的，它让人生在初始之际看来是漫长的；但到了最后，我们回顾它的过程，却似乎非常短暂。这一幻觉也有好处，要不是这样，各种丰功伟绩就无以完成了。

人生好比一次旅行，沿途所见景色跟开始之时不同，当我们走近些，它又有变化。这就是人生的实况，对我们的愿望而言，更是如此。我们时常找到些别的东西，一些甚至比我们所寻求的更好的东西；我们所要寻找的东西，往往在另一条小路，而不在我们着手寻找的那一途径上。我们没有找到我们所期望的欢欣、快乐、喜悦，我们获得的是经验、世故、知识——一种真正而永恒的幸福，而非短暂的、虚假的那种。

这就是贯穿著作《威廉·迈斯特（Wilhelm Meister）》的主要思想，它像低音部出现在整个乐章。在歌德的这部小说中，我们所见到的是“心智”型的作品，因此就比其他类型的优越，甚至超越沃尔特·司各特（Walter Scott），后者的创作毕竟是局限于人伦关系，换句话说，他们只是从“意欲”的方面探讨人性。同样的，在《魔笛》中，那位怪异但有其重要意义甚而是暧昧难懂的人物的同一思想被象征性地表达出来，只是用了大粗线条，类似作风粗犷的风景画。如果该著作的男主角塔米诺到后来不受欲念操纵，不再想占有帕米娜，而因此能获得允许进入神秘的“智慧之殿”，其象征性就是完整的。跟他必然相对照的人物帕帕盖诺，最后赢得他心爱的帕帕盖娜，倒是颇为妥当的。

稍有分量的人们不多久都会明白，人们都在命运的掌握之中，应该甘心情愿地听从它的教训，任由塑造。他们认为，生命的果实是经验，不是快乐；他们变得世故，满足于用希望交换洞察力；到最后，他们会同意彼特拉克（Petrarch）的话：

我所感受的不外乎是“学习”的快乐。[①]

在某种程度上，他们仍然是遵从一贯的愿望和目标，煞有介事地过日子，表面上保持体面，事实上是一直在认真地找出人生的教训。这一过程让他们看来带有天才的风度，还有若干沉思的和崇高的气质。

从前的术士们要寻找的是金子，他们所发现的是别的东西——火药、瓷器、药品、自然之道。就某一意义而言，我们都是炼金术士。

二、处己之道

4

建屋工人可能对所建房屋的通盘设计一无所知，无论如何，他不会心中老记挂着设计全图。对于一般人也一样，在他一生中进行活动的每日每时，他很少想到自己一生就其整体而言的路程和特性。

如果一个人要让自己的事业具有优点或重要性，如果他精心策划要完成某特定任务，那么，他就需要不时把注意力转向一生的“蓝图”，也就是一张具有设计概要的小草图。当然，要这么做，他必须运用“认识自己”的金言，他必须对了解自己的方法有若干进展，他必须知道在一生中他的真正的、主要的和最为关键的目标是什么——什么是他最想拥有的并让自己快乐；还有，在那之后，什么在他的思想中占据着第二和第三的地位；他必须找出，就整体来说，他一生真正的使命是什么——他应该扮演什么角色，

① 原文为：Altro diletto che 'mparar, non provo.

他跟世界的一般关系如何。如果他为自己的重要任务画好了草图，看一看自己一生的这张小图，当是最能刺激他、鼓励他、提升他，促使他采取行动，使他不走上错误的道路。

如同旅行者一样，当他到达一个高处，对于自己已经走过的路程，包括许多回旋和转弯，他会获得一个连贯的景象。所以，只有我们完成人生的某一阶段，或是接近人生终了的时候，我们才了解我们所有行为的真正关联——我们有什么成就，我们做过些什么。只有到那时候，我们才能看清楚因果的切实关系，我们所有努力的精确价值。因为我们在日常的生活和工作中，我们做人处事总是依从我们的性格，受动机的左右，而且局限于我们的能力范围之内——简言之，从头到尾，都受到“必然律”的控制；每时每刻，我们都按照我们看来妥当的方式行事。只有在事后，当我们回顾整个一生和大致结果的时候，我们才能看出一生为什么是这样。

当我们实际从事某一大事，或是在创作什么不朽杰作的时候，我们并不会有那样的感觉。我们想到的只是完成当前的目标，实现一时所抱持的意欲，履行当时该做的事。只有当我们把一生当作有联系的整体加以检讨之际，我们的性格和能力才能够真正地显露出来。我们这时看到，在某些事件中，我们是如何受到特殊才能的引导，就像获得灵感一般，帮助我们在一千条邪恶道途之间，选出一条正路。这种情况不仅是在实务方面，在理论工作上也是如此；从相反的意义而言，我们就会不幸沦为无用和失败。“现时”的重要性只会在很久以后才体现出来，很少会在当时就了解到。

5

人生睿智行为中的另一要点，是维持我们对目前和未来的看法的适度平衡。目的是避免过分注意其中一方面，而败坏另一方面。许多人的生活过分注重现在——我认为他们是不折不扣的轻率之徒；有些人太着意未来，总是忧心谨慎。在这两个极端之间保持适度的平衡，很是少见。一些非常努力、只希望生活于未来之中的人们，总是向前看，迫不及待地盼望着未来，认为只有尚待获得的东西才会使他们快乐。尽管他们气度机敏，其神情正像意大利所见的驴子，它们步伐之所以匆促，跟它们头上捆绑着一根棍子、棍上悬有几根稻草不无关系——稻草总挂在前头，驴子一直试图能吃到稻草。这些人终生在幻想之中，他们老是“将就着”过活，直到他们终于死去。

所以，我们不应该老是想到我们的计划，热切地展望未来，或是把自己沉溺于往事的痛悔之中，我们要记住：“现在”是唯一的真实和肯定，“未来”几乎总是不符合我们的期望，“过去”也跟我们的假定有所不同。过去和未来，总的说来，不如我们所想象的那么重要。远处的物体，肉眼看起来变得小些，在缅想的心目中会加大许多。只有现在才是真切和实际的；“现在”是唯一完全掌握的现实的时间，我们的存在只有在它的范围内才有可能。所以，我们应该为生命的这一现象而高兴，给予它应得的欢迎，享受每一刻不具痛苦和烦恼也就是可以忍受的时间，充分认识它的价值。如果以往所经历的失望、对未来的担心，无不严重地影响着我们，我们就做不到这些。拒绝现在的欢乐时刻，或是因为对过往和未来不安，而未能珍惜目前的好时光，就是极大的愚蠢。当然，我们应该有时候有所预想，甚至有所悔疚；但一旦事过境迁，我们就必须认定已经跟过去告别。

不管如何忧心，往者已矣；

无论怎样难过，此怀可释。

（荷马，《伊利亚特》，XVIII.112 等）

对于未来，认为：

我们管不了，一切由神灵们料理。

（同上，XVII.514）

但对于现在，让我们记住塞涅卡的话："珍惜每一天，把每一天都当作独特的一个生命看待。[①]"我们要尽可能地把每一天过得称心满意，它是我们实际上拥有的唯一时间。

只有在某时间一定会到来的不幸，才有资格扰乱我们，能符合这条件的不幸很少。不幸有两种：一种只是可能，大不了是极其可能；另一种是不可避免的。纵使一定会发生的不幸，什么时候会发生并不确定。成日都为这两类不幸做防备的人，没有片刻会是安宁的。有的不幸是否发生就不确定，有的不幸发生的时间并不确定，所以，如果我们不想由于恐惧不幸而失去人生的所有享乐，我们就应该把前类不幸看作永远不会发生，把后类不幸看作不会立刻发生。

此外，我们心境的平静愈少受恐惧的扰乱，我们就可能更受到欲念和期望的鼓动。这就是歌德的那首非常受人欢迎、名叫《我不作任何寄望》[②]的歌的真正意义。我们只有先排除一切虚荣炫耀，投身于简朴无华的生活中，才能够做到心境平静，也就是臻达人

① 原文为：singulos dies singulas vitas puta.

② 原文为：Ich hab' mein' Sach auf nichts gestellt.

生幸福的坚实基础之上。心境平静，是享受此刻的必要条件，除非我们能享受一个个的片刻，否则就无缘窥见人生幸福的全貌。我们应该永远记住，“今日”只出现一次，不会再度回来。我们易于忘记，每一天都是生命中不可缺少，因此就是无从补偿的一部分，我们不妨把生命看作一个集体的意念或名称，其组成的一个分子遭受毁灭，对全生命没有损害。

我们在生病和忧愁中未受到痛苦和困扰时所度过的每个时辰，我们的记忆都会视为十分值得羡慕，把它当作失去的乐园，或像是到这时候才认出某人一向够朋友；在我们身强体健的美好日子，如果有时会回想到上面的经验，我们便应该更能够欣赏和享受“现在”。但是，人在福中不知福。只有当不幸降临我们身上时，我们才盼望那些幸福的日子再来。一千个欢欣快乐的钟头就在情绪恶劣之中浪费了，美好的时光未经我们享受，白白地让它们溜走，而在天空阴霾时，徒然叹息已经逝去的幸福的日子。当前可以忍受的一时一刻，不管它们是如何的古板或普通，总是在我们不经意中过去，或是不耐烦地要打发掉——这些就是我们应该珍重的时刻。永远要记住，时光的退潮现在就在把它们推入到“过去”，随后我们的记忆会把它们打扮好，永远散发青春的光彩——在以后什么时候，特别是我们困顿的时候，才掀起帏帘，再当作我们最为深深热望的对象，把它介绍给我们。

6

“设定界限会促成快乐。”我们快乐与否，跟我们的视野、工作范围、我们跟外界的接触点所受限制和界定的程度成一定的比例。如果这些界限很宽广，我们可能会比较忧心和焦虑。范围宽广就意味着我们的关心、意欲和恐怖都会增大而且加剧。我们大多会假定盲人不快乐，其实并不尽然，否则他们的面貌不会出现那种温和、几乎是安详的平静表情。

设定界限会促成快乐的另一个理由，是人们的下半生比上半生更是无聊可厌。随着岁月的消逝，我们的目标范围以及跟外界的接触点，都大大地扩张了。在孩提时期，我们的视野局限于最贴近的周遭；在青年期，我们的眼界已经有相当多的增大；到了成年，它就包括我们所有活动的整个范围，它时常会延伸到极为遥远的领域，例如，忧国忧民；到了年老，包括担心后代。

但是，即使在心智活动方面，如果我们想要快乐，设限仍有其必要。因为我们的“心意”愈少受到刺激，我们就愈少受苦。我们已经看出，受苦是正面的，快乐只是负面的状态。限制外界活动的领域，就是减轻心意受到外界的刺激；限制我们才智的努力范围，就是舒缓心意受到内在刺激的来源。后一类的限制，也带来一个缺点，就是让“无聊沉闷”进门，而无聊沉闷根本是无数苦痛的直接来源。为了驱走无聊沉闷，人们往往会无所不用其极——放荡、结交损友、挥霍、赌博以及大喝大吃等，这些不当行为同样带来一连串荒谬、毁灭和愁苦。无事可做，就难于循规蹈矩。限制对外活动的范围不仅有助于获得快乐，而且对于获得快乐是必要的。田园诗是唯一描写人们在快乐中生活的文学，在处理素材的本质上，它着眼于把人物置身于简单而有限的环境中。也由于这种感受，我们会从所谓的“世态画”得到乐趣的根本道理。

单纯，甚至是单调，都将会促成我们的快乐，因此，只要能够做到，我们要争取单纯，而且如果在我们的生活方式中，单调并不就是无聊沉闷，我们也要接受单调。因为在这样的环境中，生活以及生活的重负（生活与重负是根本分不开的）最不会为难我们。我们的存在将在没有波浪或漩涡侵扰的小溪中，平静地滑行。

7

我们的心境是快活或是痛苦，毕竟要看盘踞着我们意识的事情是什么类别。在这一方面，纯然是劳心的职业，对于其智力配得上的人们而言，在促进幸福这一方面，通常都大大地超过实务实干的生涯，因为后一类人的成功和失败，经常在变换，而不免带来所有的震撼和折磨。在这一点上，必须指出的是，外勤活动会让我们不喜欢读书和研究，同时也会使我们不能安静地集中精神，而集中精神是从事此类工作的必要条件，因此，在另一方面，长期思想使我们多少不适合实际人生的熙熙攘攘。所以，如果环境需要我们花些精力处理实际事务，我们应该把劳心工作暂时停下。

8

生活要完全慎重精明，并且要吸取经验的所有教训，就必须经常反思——类似于扼要复述我们所曾做过的事、我们的印象和感觉，把我们以前的判断跟现在的相比——把我们全力以赴、希冀有所成就所定下的目标，连同我们已经获得的实际结果和满足感做些回顾。这么做，就是接受由“经验”私下里一次次地跟我们上课——每人都可以这样让经验上课。

世界上的经验可看作一种教科书，反思与知识构成该书的讨论。如果我们经验甚少，而反思和知识丰富，就好像有些书每页的正文只有两行，讨论有四十行。经验多而反思和知识不足，就好像有些古典文献的版本，其中没有注解，许多内容含义不明。

我们在这里所给的忠言，跟毕达哥拉斯所建议的一条规则是同样的——每夜睡觉之前，把当天所做之事加以检讨。每天随便地生活，为工作或享乐忙忙碌碌，不对过去做任何的反思，好像不断地从生命的卷轴拉出棉线，对于自己何去何从却一无所知，这样生活的人，情绪和思想都免不了有些混乱——从他谈话的突兀和碎片像是一种杂拌，我们不久就可以看出。在众多缤纷的印象之中，过着这个世界永无宁日的生活，而且自己的心智活动相对不多，就越容易走上情绪和思想都出现问题的命运。

在这一方面，我们可以这么说，当影响我们的事况已是事过境迁，我们往往无法找回并重温那时在我们心中所激起的某种情愫，但是，我们能记得我们是如何被当时事况引导而说过和做过些什么，这些就可说是那些事况的结果、它们的外在表达和测度它们的准绳。因此，对于我们在一生的关键时期的想法，我们应该仔细地保留下来。在这一点上，写日记能起到大作用。

9

做到自足，充分自立，无所希求，能说"我所有的财物我都随身带着"[①]——确实是获得快乐幸福的主要条件。因此，亚里士多德所说"做到自足就是快乐"（《幸福伦理观》，VII. 2），是值得我们常常回味的。法国著名作家尚福尔的一句妙语"快乐不是容易的事。在我们自身之中很难找到，在别处更不可能找到"，我已经把它作为题词放在本书的前面，其实也是这个意思。除了自己以外，任何其他人都不完全可靠；必须跟他人交往所带来的负担和不利、危险和苦恼，不但是无从算起，而且是不能避免的。

追逐名利、寻欢作乐、过高级生活，是通往快乐的大错特错的途径。因为这么做，是企图把我们苦难的生存，转化为一连串的欣喜、高兴和欢乐，这种过程到最后一定会变为失望和妄想。就此点而言，可以相提并论的是它带来的必然伴奏：大家彼此说谎。[②]

---

① 原文英译为：All my possessions I carry with me.

② 正如我们的身体为衣服遮盖，我们的心灵根本就隐蔽于谎言的帷幕背后。帷

社会的生存有其必要条件，是以所有的社会都必然要求其成员互相兼容和克制。这就是说，社会愈大，该社会的性质就愈为乏味。人只有在独处时可以显露本色。如果他不喜欢独处，他不会喜爱自由，因为人只有在独处时才有真正的自由。人在社会中一定需要克制自己，时时刻刻都要如此。一个人的个性愈为独特，他就愈难忍受与其他人交往所需做出的牺牲。我们或是欢迎孤独，或是容忍和躲避孤独，完全取决于每人的个人价值的大小。例如怎样看待独处时的可怜感，各人所受痛苦的全部重负如何，大智者喜欢把个人的价值估大，总之，每个人在本质上都是不同的。

进一步说，如果某人在大自然的簿籍中名列前茅，他自然而然地、无可避免地会觉得孤独。如果他的环境不妨碍他的这种孤独感，对他将会是有利的；因为如果他需要跟异类人士多作交往，那些人将会对他构成扰乱性的影响，不利于他的内心平静。他们真的会剥夺他的个性，而不会对他的损失给予补偿。

人与人之间，在品行和才智上，上天所设定的差别程度是相当大的。但是我们的社会忽视那些差别，甚至要把那些差别消灭；或者说，社会建立了人为的差别——阶级和地位的分等来代替，后者与上天所建立的高下次序，往往完全颠倒。这样安排的结果就把一些才智低劣的人往上提升，把少数天赋卓越的人压制下去。见到这种情况，有才有识之士通常就退出社会，这一类人一旦增多，平庸之人更是不可一世了。

在一个社会中，令大才大智人士恼怒的是“权利平等”，因为这些权利直接导致人人可以自命不凡，那是大家都喜爱的；而

幕总是存在的，我们只能有时透过帷幕猜测他人的思想，如同我们看人家的衣着外观而获知他们的体型。

在自然的情况中，才智上的差别就意味着所得的社会权利应该有相对的不同。所谓“理想的社会”，会承认任何类别的要求，可就是不重视才智，把才智视为违禁品；人们对于各式各样的愚蠢、乖悖和鲁钝，都需要表现出无限的耐心；展露才华似乎就得要获得他人的原谅，否则需要完全深藏起来，因为具有智慧上的优越自然就会冒犯他人。

所谓理想的社会，最糟糕的不仅是给我们带来我们无法赞美或喜爱的同伴，而且还不让我们保持天性和本色。为了做到和谐，它强迫我们蜷缩，甚至是完全变形。富有才智的谈话，不管是严肃的或是幽默的，只适合才智型的社会；对于普通人，是彻底的对牛弹琴，要使他们高兴，就一定得大众化。这就要求我们做严峻的自抑，为了像别人一样，我们得丢弃四分之三的智力。当然，享有友伴能够弥补我们在这方面的损失。但是，愈有价值的人，愈会发现所得支付不了所失，收支两抵是负债，因为跟我们打交道的人，一般都是破产的。也就是说，跟他们交往所得，无法补偿跟他们交往所带来的烦闷、不安和龃龉，或是我们必然要做出的自我抑制。因此，在大多数的社会中，愿意独善其身的人都会获得实质的好处。

问题并不就此完结。真正的也就是在才智上的卓越，是不容易遇到的，遇到也令人难以忍受。我们的社会就随意采取了一种虚假的卓越，用来代替真正的卓越，前者的性质是按照习俗，建立在任意的基础之上。这种传统似乎是由较高的上层人士承袭下来，而又像“口令”一样，可能会有所改变。我这里所指的是“好风尚”。这类的卓越每次跟正牌的卓越发生冲突时，它的弱点就暴露出来。更重要的是，“好风尚”一出现，“好见识”就离去。

除了跟自己以外，没有人能跟其他人完全情投意合，即使是最好的朋友，或是终身伴侣。个性和脾气上的不同，总会带来某些不和，纵然在程度上微不足道。那种真正的心境平静，那种内心的完全安谧，是尘世上仅次于健康所能给予我们的最高祝福，只在个人独处时才能够达到，而要让安谧成为一种持久的情绪，只有把自己完全置身于退隐之中。这时，如果这个人自身有什么长处和禀赋，他的生活方式将是在这可怜世界中最为快乐的。

让我明确地说吧。不管友谊、爱情、婚姻是如何的亲密，一个人完全要靠自己照顾自己，稍微可靠的是向孩子求助。在业务上，或是在情谊方面，你跟一般人愈是不需要接触，你的生活就愈为理想。寂寞和独处固然有其各种坏处，但是如果我们不能马上一一感觉出来，至少我们能够看到它们的藏身所在。另一方面，与人交往就包藏着阴险奸诈，在表面上我们可能获得愉快社交的消遣，带来的却往往是无法弥补的大祸害。年轻人很早就应该接受训练能够独处，因为独处是快乐和心境平静的一个来源。

这么说，一个人若能依恃一己、独立自处，将是最为幸福的。西塞罗甚至说过这样的话："一个完全能够自立并且具备独特才能的人，不可能不生活得非常快乐。"[①]（见其著《似非而是集》Ⅱ）一个人愈有独立的才能，别人对他的重要性就愈少。这种自足的感觉，让许多有真才实学的人不至于为了跟世人相处而做出相当的牺牲，更别说实际上克制自己去积极参与那些活动。一般人喜欢社交，能跟人相处，是出于相反的一种感觉——他们容易跟别人相处，不容易跟自己相处。此外，这个世界对具有真才实学的人并不敬重，世人要敬重的完全是不学无术之辈。所以，一

① 原文英译为：It is impossible for anyone not to be perfectly happy who depends entirely on himself and possesses in himself alone all that he calls his.

些人的隐居就能说明他们拥有特异才华，或者说他们隐居是拥有特异才华的结果。因此，自尊自重的明智之士都把自己生活的必要条件加以限制，以便保持或扩大一己的自由，但因为每个人必须跟世人有所往来，他就把亲密交往尽可能地限制到最少。

我已经说过，人们因为忍受不了独处而对人和气友善，他们变得讨厌自己。内心的空虚促使他们与人交往，还去外国旅行。他们的心智没有弹性，因为心智缺乏自身的活动，他们就努力给它一点——例如，靠喝酒，多少人酗酒就完全由于这个缘故。他们一直在寻找某种刺激，寻找他们所能忍受的最强烈的刺激——与自己臭味相投的人在一起的兴奋；如果他们没有友伴，他们的心情会下沉，陷入可悲的沮丧。[①] 这些人的自身，我们可以说，只具备为人的条件的一小部分。他们需要相当多的人数，才能凑出可观的分量，达到自觉够资格成为人。优秀的人（就“人”的充分意义言之），并不代表某小部分，而是指整体：他本身是完全的。

从这一方面看，一个普通的社会就好像完全由俄国管号组成的乐队所奏出的音乐。每一支管号只有一个音符，每一个音符在适当时候出现就奏出音乐来。由单一管号所奏出的单调声音中，

---

① 大家都知道，我们比较能忍受大多数人都遭受的不幸。沉闷无聊是大多数人都遭受的不幸，人们就结合在一起，予以共同的抵御。对于生命的喜爱，说到底就是对死亡的恐惧。同样的，我们向往社交的冲动，并不是由于我们喜爱社会，而是我们害怕独处；我们寻找友伴，并非完全由于跟友伴相处时之可爱，而是出于独处时的可怕的压迫感——自我意识中的单调沉闷——我们意图躲开。我们会做任何事，甚至于忍受不良的友伴，以及所有社会都会加诸个人的约束力，这种约束是相当大的负担。但如果厌恶社会超过对独处的厌恶，我们就会习惯于独处，能抗衡独处所带来的切身影响。我们不再认为独处是坏事，我们就会舒适地安定下来，而不渴求与人交往——这种结果，部分是因为我们对于友伴的需要只是间接的，另一方面是因为我们已经习惯于独处的好处。

你能充分地看出大多数人的心理状态如何。人们的脑海里似乎只有那么一个念头，不能容纳别的什么。我们很容易看出，为什么人们都那么烦闷无聊，为什么喜爱社交，为什么喜欢在人群中走动，为什么人类是群居的。是每个人自己性格的单调，让人们觉得独处是无法忍受的。“愚蠢诚然是自己的重负。”（塞涅卡《书文集》，9）让很多人聚在一起，我们才得出一点结果——由我们的单音管号所奏出的一些音乐。

明智的人好像是独奏一件乐器（例如，本身就是小乐团的钢琴）的音乐家，他不借赖其他人帮助而举行演奏会。这样的人，自身就构成了一个小世界，他心智专一、独立奏出的音乐，具有各种乐器共同演奏的效果。像钢琴一样，他在交响乐中并不突出，却适合单独表演，独来独往。如果是跟其他乐器在一起，他只能担任主奏；要不然，他是歌唱时定音的标准。但是，那些喜欢交际的人，也许能从这个比喻中得到好处，而定出一条常规：我们所交往的人要是缺乏高素质，可以从增加数量上做出某种程度的补偿。如果对方敏慧，有一个人做伴就足够了；但如果你所交往的尽是普通人，不妨多认识几位，因为让他们一起合作就能产生一些好处——根据演奏俄国管号的类推，愿上天给你耐心，了此公案！

我所指出的精神空虚以及心灵的贫瘠，还造成另一种不幸。当一伙比较优秀的人集会结社以便提倡某一高尚或理想的目标之际，其结果几乎总是无数的大众蜂拥而来，各地方都是这样。后者的目的在于解除烦闷寂寞，或是他们天性上的其他什么缺陷，什么事情能让他们生活快乐些，他们就毫不考虑地立刻去攫取。他们中有些人会偷偷摸摸溜进去，有些人会拼命挤进去，然后就要完全把它摧毁，或是放肆地改变它，到最后它的目的变得跟当初的目的正好相反。

喜爱社交的冲动，还可以从别的观点加以审视。在寒冷的日子，人们聚集在一起可得到一些温暖，我们能用同一方式——跟他人有所接触，温暖我们的心灵。但是，一个本身在才智上具有大量温暖的人，不需要靠那种办法取暖。我写了一段小寓言说明这种情况，在别处可以找到。[①]一般来说，一个人的社交能力，近乎跟他的才智价值成反比例：说某人非常不友善，几乎是等于说其人有大能力。

对于有才智的人来说，独处的好处是加倍的。第一，是让他能清静。第二，他不必跟其他人在一起——这是非常重要的。因为跟世人打交道，面对厌恶甚至危险时，需要我们抑制自己。拉布吕耶尔（La Bruyère）说得好，我们所有的祸害都来自我们不能独处[②]。的确，喜欢跟人交往是危险的，甚至是致命的。因为它意味着跟人们接触，而其中绝大多数人道德低劣，而且智力鲁钝或性格刚愎。不爱社交就无须理会那些人，如果自身有足够条件，不需要跟那些人在一起，实在是极大的幸运。因为几乎我们所有的痛苦，都从需要跟别人交往而来。跟人交往就会破坏我们

---

① 英译者注：叔本华所提到的这一段，见其著《补苴论文集》第 2 卷的第 413 页。寓言是说有几只豪猪在严寒的一天聚靠在一起取暖，当它们都感到被同伴的棘刺扎痛的时候，它们就得散开。但是，寒冷会把它们再驱赶在一起，相同的情况又会发生。经过多次聚集和分散之后，它们终于发现，最好是大家彼此保持一些距离。同样的，社交的需要把人形豪猪驱集在一起，却因为他们性格上的许多刺人的不能相合的气质而互相排斥。他们最终发现的“适度距离”，是他们交往中仅有的可以忍受的情况，这就是“礼貌”和“高尚态度”的准则；凡是逾越这一准则的人，当会受到斥责，用英文说就是“to keep your distance（请保持距离）”。由于这一安排，彼此对于温暖的需要，只能相当折中地给以满足，但人们不会被刺伤。自己有若干温暖的人，宁愿离开人群，既不刺伤别人，也不会被人刺伤。

② 原文英译为：All the trouble comes from our not being able to be alone.

心境的平静，而心境平静，我已经说过，是幸福要素之中仅次于健康的。没有相当时间的独处，要做到心境平静是不可能的。犬儒学派的门徒抛弃所有的私产，为的是不让任何事物烦扰他们，能享清福；为了同一目的而放弃社交，是人们所能做出的最明智的事。贝尔纳丹（Bernardin de Saint-Pierre）说得最为中肯："节制饮食能获得身体的健康，节制与人交往可让我们心灵平静。"①我们若是在早年就喜欢独处，就好比赢得金矿，但不是人人都能做得到的。社交的主要理由是彼此有所需要，彼此的需要满足之后，人们本来要分手，烦闷寂寞又把他们驱赶在一起。要不是因为这两个理由，人们就极其可能都独居自处。这是因为每个人在自己的心目中都觉得自己是世上唯一的人，这种绝对重要的感觉只有在独处时才能充分领略，而在熙熙攘攘的真实人生中，这种感觉动辄受到令人痛苦的否认，不久就会萎缩而消逝。从这一观点言之，独处是人类最原先的自然状态，在这种状态中，我们都像亚当一样，我们的快乐是无限的。

话得说回来，难道亚当没父没母吗？这话的另一个意思是说独处并非自然状态。因为我们一进入这个世界，就发现自己跟父母、兄弟、姐妹在一起，也就是说自己在社会中不是独居的。因此不能说，爱好孤独是人性的原先性格。它是我们经验和思索的结果，而这些又跟我们智力的发展息息相关，跟年岁一同增加。

一般而言，喜爱跟人交往的程度，跟自己年龄的大小成反比例。一个小孩只要被留下几分钟，就发出可怜的惊恐的哭声；稍后，被人关闭在一处就是严重的惩罚。年轻人一会儿就能彼此亲

---

① 原文为：La diète des alimens nous rend la santé du corps, et celle des hommes la tranquillité de l'âme.

密相处，只有少数心灵高尚的青年很高兴有时候是独自一人——但整天都独自一人又不合适了。成年人不在乎整天都单独一个人，独处不算一回事，年岁愈长愈不在乎。对于知己大多凋零、感到生趣索然的老人，就具备独处的最适当条件。从个别的例子看，特别喜欢退隐和幽静生活的趋势，都直接跟智力相关。

这种趋向，我说过，并不是完全自然的。这种趋势不是人性的直接需要而存在的，而是我们生活经验的结果，是我们对于真正需要加以反思后的产物；特别是出于我们对大多数人的可怜的本质，不管是道德的还是智慧上的，有了深切了解之后才得出的。最糟的情况是，有关个人把大家在道德和智慧上的缺点紧密结合、彼此利用，导致所有恶果，这就使得他跟大多数人交往不但不愉快，而且简直不能忍受。因此，虽然这个世界包藏着许多坏透的事物，但不良的人生关系是最糟糕的。甚至那位和蔼可亲的法国人伏尔泰也承认，到处都是不值得交谈的一群人[①]。彼特拉克提出相似的理由，希望无人打扰——这位平和的人，如此强烈不移地喜爱静居：

> 我一直在寻找孤独的生活
> （小河、田野、树林可以为证），
> 逃离那些愚蠢而软弱的人群，
> 经由他们就无从选择光明。
>
> （《十四行诗》第 221 首）

在他那本可喜的著作《独处的生活》中，他进一步有所申论，

① 原文为：La terre est couverte de gens qui ne méritent pas qu'on leur parle.

从而似乎给齐默尔曼（Zimmermann）提供了撰写那本谈论独处的名著的意念。尚福尔在下面的尖刻的几句话中提到他喜爱幽静的第二天性：我们有时谈到独居的人不喜爱人群。这就好像是说，不愿意夜间在邦迪（Bondy）的森林中走动的人就是不喜欢散步。

波斯诗人萨迪（Sadi）在他的《玫瑰园》一诗中，表达了相似的情愫："自从我们离开人群后，选择幽静之途，静居才有安全。"安格鲁斯·西勒修斯（Angelus Silesius）[①]是一位温厚的基督徒作家，他用充满奥理的文字，说出同样的感触：

> 希律王是敌，约瑟的心
> 在梦中得到神所透露的危险。
> 伯利恒是世界，埃及是孤独。
> 逃吧，我的心灵！不然受苦等死。

布鲁诺（Giordano Bruno）也宣称他喜爱静居。他说，在这个世界希望预先尝试神仙生活的人，都异口同声地指出：

> 喏，我要漂泊到远方，
> 投宿在荒野间。
>
> （《诗篇》55 ：7）

在我刚才引述过的作品《玫瑰园》中，萨迪还说到他自己："我讨厌在大马士革的朋友，于是转往耶路撒冷附近的沙漠之中，寻

① 英译者注：西勒修斯是 Johnnes Scheffler 的笔名，从医，是 17 世纪（1624—1677）的奥秘派诗人。

找荒野的走兽为伴。”总之，普罗米修斯用比较优质的黏土所制造出来的一批人都说过同样的话。人与人之间的共同之处，是人们的性格之中最低下、最不高贵，也就是那些平庸、琐屑、卑俗的部分。我们跟那些人为伍，究竟能获得什么欢乐呢？那些人不能把自己提升到更高的层次，他们要把一切拉到跟自己同样的低下，那些人的目的就是这样，我们还能要求那些人什么呢？这种喜爱与世隔绝和静居的性向，说到底具有某种贵族的感情。

恶棍们都是欢喜社交的——多么可悲！一个人的性格要是有一点点高贵，其主要的标识，就在于他不喜欢跟人交往。他愈来愈喜欢孤独，久而久之，看出这世界所能提供的，除了极少数的例外，一方面是孤独，另一方面是庸俗。这似乎是不便说出的话，但即使是充满基督教的温厚和爱的西勒修斯，也不得不承认这段话的真实性：

> 孤独是必需的。切不可庸俗，
> 因为到处都可见到荒漠。

伟大的心灵——人类的真正导师，自然不在乎是否有他人经常做伴，正如学校老师不愿意跟围绕着他的闹哄哄的孩子在一起游戏那样。这些伟大心灵的使命，是指导人类渡过“错误”的海洋，安抵真理的彼岸——把人类从野蛮而庸俗的黑渊，提升到文明和教化的光明之中。具有伟大心灵的人们生活在这个世界，而并不真正属于这个世界。从很早的岁月，他们就感到自己与其他人之间有着显然的不同。但只是逐渐地，随着时光的流逝，他们开始明白自己的地位。他们在心智方面的孤独，又由于实际上的退隐生活方式进而获得巩固。不是在某种程度上从流行的庸俗之中解放出来的人，是没有办法接近他们的。

从上面的话可以断定，爱好孤独很显然不是人性中直接的、原始的冲动，而是次要的、慢慢养成的习性。它是高贵心灵的比较显著的特征，其发展一定要克服某些自然的欲望，而且还不时需要实际地对抗魔鬼靡非斯特（Mephistopheles）的诱哄，后者争取我们摒弃令人忧郁、摧毁心智的“独处”，换取“与人为伍”，走向社群。靡非斯特说，即使最坏的社交活动，也会给人们一份人类情谊的意义：

> 这样的痛苦生活会舍弃你，
> 它像一只兀鹰啄食你的胸脯！
> 所见最坏的社会也会显出你，
> 你是大众之中的一个人物。
>
> （歌德著《浮士德》，根据贝雅·泰勒的英译）

所有伟大的心灵都注定是孤独的——这一命运有时可能会令人感到遗憾，但在两害之中选择孤独，总是为祸较少。当年事渐长，我们就变得容易说出，该怎么做我们就敢怎么做。在六十岁之后，愿意独自生活的意念，慢慢成为真实而自然的直觉，因为到了那把年纪，各种条件都赞成这么做。我们最强烈的冲动——喜爱跟异性在一起——对我们的影响力很小，甚至是零；年老对于性事索然的状态，为我们建立的具有一定自足的基础，会渐渐地占据我们寻伴的欲念。一千种幻想和愚昧都已克服，生命的活跃岁月大部分已经过去，我们已没有期望、计划或企图。自己所归属的一辈已经离开舞台，新苗长的一代基本上把我们放置于他们的活动范围之外。年岁愈高，日子过得愈快，我们就想到把余生专注于才智方面的事，而不再追逐人生的虚名浮利。只要我们神智健全，我们过去所取得的那些知识和经验，配合我们在发挥一己之际所获得的才能，让我们无论从事任何学科的研究，都觉得非常轻松和有趣。过去我们在蒙昧中所知有限的许多事物，现在变得明朗清晰，每有成果都使我们感到困难已经克服。从我们长时间跟他人相处的经验来看，我们已不再对别人有太大期望。我们发现，总的说来，跟人家交往得深入一些，并不会有所收获；还有，除了几个罕见和幸运的例外，我们所认识的人，都是在人性中具有缺点的样品，最好就是不加理睬，我们不再为人生中的一般幻想所牵制。就个别情况而言，我们不久都能看出他人的底细，我们不太想跟他有进一步的关系。最后是，孤独——自有天地——已经习惯，好像已成为第二天性。如果我们从小对于孤独略有所识，其情况更是如此。喜爱独处在从前需要牺牲走向社群的欲望，现在已经成为我们的自然性向的单纯品质——它是我们生命中的特别要素，如水之于鱼。具有独特个性的人跟一般人不同，他必然是孤立的，这就是为什么这样的人愈老愈感觉他的处境，不再是年轻时有那么沉重的负担。

老年的这一真正特权，事实上，只是拥有若干才智的人方能享受得到。最能欣赏这一特权的人是真正的具有大智力，但是每一个老人都会领略到一些。只有性格非常贫瘠和世俗的人，才会在老年时像年轻时那么喜欢交际。但是到了这时，他们在那个自己不再能适应的社会中变得令人苦恼，大不了只能勉强做到让人家可以忍受，但这些人在从前是极受欢迎的。

年岁大小和喜爱社交的程度成反比的另一面，是这情况有助于教育。人们愈年轻，他们愈是在每一方面都需要学习。就在大家年轻时，老天提供了互相教育的一个体系，这时际与人交往就获得教诲。从这一观点言之，人类社会就好比一个实行“贝尔—蓝卡斯特”教育制度的巨大学府，这种制度反对课本和学校形式，认为人为的教育有违大自然的教育机制。所以，人们年轻时在大自然所提供的学府做个勤勉的学生，是一个非常合适的安排。

但是，霍勒斯说得好，人生中没有一件事物不是带着若干缺点的①；或者，用印度的一句谚语说，莲花都有梗茎。静居固然有许多好处，但是也有少许不便和缺点，不过比之与人相处的诸多烦恼，便微不足道了。因此，具有真正才干的人不跟他人交往，一切会更为顺利。但是，静居的坏处之中有一项不易为人觉察，这就是：人们整天待在家中，身体对环境的变化非常敏感，连门缝吹进的小风都足以叫他们生病；对我们的性情也一样，长时期的静居会让我们的脾气变得非常敏感，就是最微小的事故，最无所谓的话或样子，都足以困扰和冒犯我们——这些小事通常不为普通人所注意。

当你发现人类社会可厌，觉得你有理由远离人群，你的本赋可能会使你无法忍受独处所带来的沮丧，特别是你年轻之际，那么，让我劝告你，要养成跟人交往时维持几分孤独的态度，学习甚至跟友伴在一起时依然故我，不立刻说出你的想法；在另一方面，对别人所说的话，不必太推敲字义；在道义或智力上，不对别人期望过高，并加强对他人意见的淡漠感，这就最能练习人人赞美的容忍精神。如果你那么做，你虽然在他们之间走动，但你看起来在生活上相当独立，你跟别人的关系完全是君子之交，保持客观的性质。这种谨慎能保持你不跟他人接触频仍，从而能让你不

① 原文英译为：There is nothing in life which has not some drawback.

受他人熏染或被他人激怒。[1] 在这一方面，社群好像一把火——聪明人在适当的距离取暖，不像傻瓜一样过于靠近火，一旦被烧伤，就跑开独自发抖，大叫大嚷火会烧伤人。

10

妒忌是人的天性。不过，它既是一种恶习，也是苦恼的一项来源。[2] 我们应当把它视为我们的幸福之敌，把它当作邪恶的念头予以抑制。这是塞涅卡所给予的劝告，他精辟地说道："如果我们不把自己的命运跟其他更为快乐的人相比，避免自寻烦恼，我们将会对自己所拥有的感到高兴（《谈愤怒》，Ⅲ.30）。"还有："如果许多人看来比我们处境更好，应该想一想多少人比我们差（《书文集》，15）。"千真万确，如果实际的灾难降临，最有效的安慰——虽然跟妒忌同一来源——就是试想别人所受的更大的不幸；其次是置身于跟我们同样倒霉的人们——我们共忧患的伙伴中。

有关我们对他人妒忌的讨论，就此结束。至于我们可能引起他人的妒忌，我们应该永远记住，出于妒忌的憎恨是最难消除的。所以我们永远要小心，行事要有节制，以免惹起别人的忌恨；正像对付其他许多恶习一样，我们最好完全弃绝在这方面可能获得的快慰，因为后果严重。

尊贵的人分为三类：好家世和高阶级；富豪；大才智。在这三类中，最后一类其实最为优越，如果假以时日，他们位居首席

---

① 莫拉廷（Moratin）所著的一本叫作《餐厅——新喜剧》的剧本，值得一读。它把我们这里所讨论的有限度的交际在舞台上演示出来，主要是经由角色之一的彼德罗先生，体现在第一幕的第二景和第三景中。

② 妒忌显示出人们是多么不快乐，他们对别人所做和未做的事一直紧紧盯着，透露出人们的生活多么无聊。

的权利是会获得确认的。英明的腓特烈大帝就这么承认，“得天独厚的心灵跟君主同等级”[①]，这是有一次伏尔泰被安排跟君王和公侯们同坐一桌，大臣和大将军们反而跟侍从长坐在一起，侍从长不免惊奇，他就对侍从长这么说。

每一个尊贵的人都有一大群羡慕者围绕着。如果你是其中的一位，他们会暗地里对你怀恨在心；除非被恐惧所抑制，他们会急切地让你明白“你不比他们强”。就由于他们热切地让你明白的这种态度，你可以看出他们显然自知不如你。

如果有人这么妒忌你，可采用的方法是跟妒忌你的人保持距离，尽可能避免跟他们接触，使你和他们之间好像掘有一道鸿沟。如果这办法做不到，要完全处之泰然地忍受他们的攻击。在后一情况中，引起他们从事攻击的因素也会使得攻击缓和下来。这方法看来是大家都采用的。

各类的尊贵人士与他类的尊贵人士，通常都和睦相处，他们之间没有妒忌的必要，因为他们各自的不同的特权，产生出一种平衡。

11

在实行任何计划之前，要给以成熟和多次的考虑；甚至在你心头彻底地经过考虑之后，还需要把人们判断出错的失误可能性留出余地。因为一些无法探究或预先见到的情况总会出现，把你全部的计算推翻。这种想法永远会影响到收支账上的负方，这也是一种警告，在重要事情发生时不可轻举妄动：静止的东西不要动它[②]。但是一旦你下定决心，并且开始着手，你必须坚持到底

---

① 原文为：les ames privilégiées rangent à l'égal des souverains.

② 原文英译为：Not to set in motion what is at rest.

——不要因为重新回想已经完成的事，或是再次顾虑到许多可能的危险，从而担心不已。让你的心思完全离开这个问题，抗拒再去想那件事，牢记着你在适当的时候曾经做过成熟的考虑。同样的劝告见于意大利的一句谚语，歌德曾经译作“把马鞍系好，然后自信地骑乘奔驰”。这里顺便可以一提的是，许多歌德归类为 Sprich-wortlich（英译 Proverbial）的谚语，是译自意大利文。

经过这些努力，万一我们仍然失败，就因为人间的事总有噩运和错误的成分。世上最聪明的苏格拉底在处理私人事务时，需要善心“精灵”的警告，让他能做该做的事，或是能避免错误。这也似乎告诉我们，人的智慧不可能万无一失。有这么一句话——据说是源自某一宗教——当什么不幸发生在我们身上，该事件的过错，至少在若干程度上跟我们自己有关。这话如果不是绝对真确，每一情况都是如此，但在绝大多数的事件中却是千真万确的。人们尽可能地隐藏他们的不幸，装出最好看的样子，以免他人会觉得自己的不幸是由自己造成的，人们的这一作为跟这句话的正确性有很大关系。

12

不幸的事件如果已经发生，无法改变，我们就不应该认为事情可能会演变为其他情况；更不该的是，认为当初如何就可以避免这件事，因为这种想法会增加自己的苦恼，使事情无法忍受，让自己成为自讨苦吃的人。我们最好以大卫王为榜样，他在他儿子躺在病床上的期间，不断地向耶和华百般地苦苦哀求，以期待儿子会康复；但儿子一断气，他就擦动一下指头，不再记挂这件事。如果你不够轻松，做不到这样，就需要躲藏在命运之神的庇护所，接受一项伟大的真理：事情的发生是必然的结果，是无可避免的。

这个劝告不管是怎么的好，它毕竟是片面的。让我们一时得到安慰和平静，它无疑是足够的。但如果不幸真的是因为自己的粗心和愚昧，或者，多少是由于自己的过错而来到——事情大多是如此的，我们便无妨去考虑这些事情如何可以避免，也不因主题令人难受而少去想它——这样能使我们更明智、更有条件应付未来，是一种有益的自律方式。如果我们明显地犯了错误，我们不应该掩饰它，或是找什么借口，去原谅或减轻过失（我们一般都是这么做的）；我们应该自己承认犯了过错，张大眼睛看出它的整个严重程度，这样我们才能下定决心，在以后避免它。当然，这样对自己的不满会带来许多自加的痛苦，但是我们要记得“不管教不成才”“有过不责罚会惯坏孩子”的话。

13

面对影响我们祸福的所有事情，我们要小心不让自己胡思乱想，不建造空中楼阁。首先，建造空中楼阁的花费很大，因为我们又得立即把它拆掉，这就是悲哀的一个来源。我们也需要提防，对于只是可能发生的祸患，不作胡乱臆测，以免我们无谓忧心。如果这些祸患完全是心中想象的，或是极不可能发生的一类，我们应该好似从梦中醒来，立刻看出整个事件只是虚幻的。我们应该为现实优于梦境大为高兴，大不了把它看作虽然遥远、但仍然可能发生的祸害的警告。但是，我们的想象力并不喜欢玩这些把戏。我们只适合在悠闲的时刻，做一些令人愉快的描绘性的遐想。让我们忧心做噩梦的素材，在某种程度上是真正威胁我们的祸害，尽管其可能性很小；想象使得这些祸害比其实际情况看来更严重、更贴身、更可怕。这一类的梦在我们醒来时，不像美梦那么容易消失，因为美梦不一会儿就会被现实所驱走，至多只会留下微弱的、有可能实现的希望而已。当我们沉浸于忧郁时，各种幻象不召自来，不再容易消失，因为这些幻象都会有可能成为事实。但是我们无法永远估计可能性的准确程度，因为一般的可能很容易变成极为可能，这样我们就自讨苦吃。因此，对于任何可能影响我们祸福的事情，要注意不要操之过急，不过分忧心，而是冷静、心平气和地去考虑事件，把该事件看作跟我们关系并不特别密切的抽象问题。在这里，我们不应该让想象扮演任何角色。想象做不了判断，它只会唤起幻象，导致有害而且不时非常痛苦的心情。

我在这里强调的规则，到了日暮之际，最是需要小心地遵守。黑暗使我们胆小，易于在各处看到可怕的形象，这跟模糊的思想对我们的影响有相似的地方，不确定总会带来一丝危险的意味。因此，一到夜里，当我们的思想和判断力松懈之际——可说是濒临主观的黑暗之时——智慧变得贫乏，容易糊涂，无法掌握事情的底蕴。在那种情境中，如果我们默想有关切身的事务，不久情况就显得危殆可怕。夜晚我们在床上的时候，大多是这样，因为那时大脑已完全松弛，判断力不能胜任其职责，但想象力还是清醒的。在晚上，什么东西都看起来是黑乎乎的。这就是为什么我们睡觉之前，或是深夜醒来躺着之际，我们的思想通常都是那么混乱，违背事实，就像梦境一样；要是此时我们的思想集中于令我们担心的事，总的情况就是黑沉沉的，极为怪异。在早晨，这些梦魇就像梦一般地消逝，一如西班牙的俗话所说："夜晚涂有颜色，日间是白色的。"[①]

即使快要天黑之际，华灯初上，我们的心灵就像眼睛一样，对事情不如在白天看得那么清楚，这时不适合进行严肃的思考，尤其不适合思考不愉快的题目。早晨才是适当的时候——无论要做任何努力，不管是用心的还是身体方面的，都是如此，没有例

① 原文为：Noche tinta, blanco el dia.

外。因为早晨是一日的青春，万事万物都显得明艳、新鲜和轻盈。我们在那时觉得有体力，官能都完全听我们使唤。不可迟于起身，把早晨缩短；或是做鸡毛蒜皮的事，或是闲谈，把早晨浪费；早晨是生命的精华，应该把它看作近乎神圣的。夜晚就好比老年，这时际我们无精打采，喜欢说话，稀里糊涂。每一天是一个小生命：每一次醒来和起身是小模样的出生，每一个清晨是短暂的青春，每一次去休息和睡觉是小规模的死亡。

但是我们的身体、睡眠、营养、温度、天气、环境的情况以及许多完全是外在的事物，总的来说都会严重地影响我们的心情和思绪。因此我们对任何事物的看法，还有我们处理所有工作的能力，都大大地受到时间和环境的左右。歌德在《剖白》（*Generalbeichte*）中有这样的话：

> 最好是善用美好心情，
> ——因为它很少到来。[1]

我们无法永远对周遭构成新观念，或是提出创新的思想，因为新的观念和思想只在某些不确定的情境或时间到来。同样的，我们永远无法在事先决定某个确定的时间，或是在我们预计要进行的时候，就能对某一私下的事情予以完全的考虑。因为在适当时际，一些思绪不必特别召唤就可能突然变得活跃，我们到时候紧密地跟下去就行了。从事反思和回顾，在取决时间方面，情形也相似。

我在这里建议对想象要加以控制，同时也要求我们不去回想

---

① 原文为：Nehmt die gute Stimmung wahr, Denn sie kommt so selten.

过去不幸的事情，诸如我们所遭遇的不公正或伤害，我们所曾蒙受的损失，我们所经历的污辱、轻视和困扰，都足以构成一幅漆黑的图画，我们不要去描绘它；要是那么做，就会弄醒那些沉睡已久的可恨的情绪——那些扰乱和败坏我们天性的愤怒和憎恨，让它们重新活跃起来。在一篇绝妙的寓言中，新柏拉图主义者普罗克洛斯（Proclus）指出，在每一个市镇，都有贱民跟富贵人士比邻而居；同样的，我们每一个人，不管他怎么高尚和尊贵，在他的天性的深处，也会存有低贱而庸俗的意欲，使他足以成为野兽。我们不能让这些低下的意欲造反，甚至不能让它们伺机而动；它们的模样可怕，它们造反的领袖就是我在前面所描写的“想象”。一桩小小的困扰，不管它是来自我们的同伴或是来自我们周围的事物，都可能一跃而变为面目狰狞的妖怪，让我们不知所措——这都是因为我们一直焦急地考虑各种困苦，用最为耀眼的颜色和最大的比例，把它们绘形绘影地画出来。对于不如意的事，最好用平常心看待，因为那是最容易忍受的方法。

如果你把小物放在眼睛之前，你限制了自己的视野，四周的其他东西都看不见。同理，位于我们近旁的人或物，虽然对我们最不重要，但往往过分地吸引我们的注意力，不当地占据我们的头脑，不留余地让我们处理严肃的思想和重要的事，我们应该对抗这一趋势。

14

看见他人的东西，往往让我们想道：啊，如果那或它是我的！我们总觉得我们缺乏什么。我们不但不应该有那种感觉，更好的做法是经常地把自己置身于相反的境地：啊，如果那或它不是我的！我的意思是，我们有时应该把我们的各种拥有，看作是可能会失去的东西，不管是什么，财物、健康、朋友、配偶、孩子，或是其他我们喜爱的人，还有马或犬，通常是失去他们了，我们才开始发现他们的价值。如果大家照我的建议看待物和人，我们将获得双倍的好处：我们一方面立即在他们那儿获得比从前更多的乐趣，同时我们会尽力不让他们失去。例如，不让财物冒风险，不激怒朋友，不让配偶受到无谓的诱惑，或是在乎自己孩子的健康，等等。

我们时常借臆测未来成功的机会，以驱走现时的忧愁和沮丧，这一过程引致我们捏造许多怪诞的希望。这类希望无不包含着妄想的种子，当我们的希望被生活的现实所打破，失望是无可避免的。

以“不幸”的来临当作臆测的题材，对我们的损害比较少，因为这么做，我们不但为自己提供了应付不幸的预防措施，而且当“不幸”爽约的时候，能给自己一个意外的惊喜。从一阵焦虑平复之后，我们不是总觉得在精神上有明显的进步吗？我可以更进一步说，例如偶尔把可能发生的极大不幸，当作已经发生了，以后在现实中果然发生的其他轻微的不幸，就容易忍受得多。回顾那些从未发生的大不幸，也常有安慰的作用。遵从这一规则，可要小心不要忽略我在上一节说的话。

15

占据我们注意力的事情，不管是业务还是日常琐事，其性质非常不同，它们一桩一桩地、不按照某次序或关系那么发生，成为差异分明的大杂烩，除了确实会影响我们这一点之外，它们彼此之间没有相同的地方。如果我们的思想自然地跟随这些性质不同的事物，它们在我们心中引起的想法和焦虑，也一定同样的错乱突兀。因此，在处理一件事情时，我们第一步是把我们的注意力从其他所有的事情撤离，这样能使我们在各个适当的时间，照料每一件事，去享受或忍受它，而不牵扯到我们其他的利害所在。

我们的思绪一定要好好地加以整理，就像是把它们分别放在不同的小抽屉里，我们可以随意打开一个抽屉，而不会影响到任何其他的抽屉。

这样，我们就能使忧虑的重负，不会对我们构成太大的压力，不至于把我们当前的一点点生活乐趣予以破坏，或是把我们的休息剥夺掉；否则，牵一发而动全身，注意某项重大的事，可能导致我们忽视许多似乎不那么重要的事。对于思想高洁的人士而言，保持自己的心灵不完全被私事和世俗的繁难所垄断，不让自己所有的注意力被占据，不使更有价值的事情被置之不理，是极为重要的；就一个非常现实的意义而言，那就是“为了活命而毁掉生命的目的”[①]。

当然，要做到这一点——许多其他事情也一样——自我克制（克己）是必要的；不能克己，我们就不能按照上面的话驾驭自己。试想，每一个人都要受到环境的许多严厉的克制，没有克制，任何存在都不可能，这么一想，自我克制看来就不是那么困难了。再说，在适当的时候稍微克制自己一些，还能防范日后他人的强力排挤，正如靠近圆形中心的一小部分，可能相当于周边附近一百倍大的那部分。克己最能保护自己不受外界的强力排挤，正如塞涅卡所说：“要让每一事物听从你，自己得先听从理智。”[②]克己也是在我们自己的力量之中所具有的，万一最坏的情况发生了，或是触及我们的敏感部分，我们总可以把克己的严肃性放松一些。但是别人不会尊重我们的感受，如果人们要施加强力排挤，我们是不会获得怜悯或慈悲对待的。因此，用克己的方法来预防

① 原文为：propter vitam vivendi perdere causas.

② 原文为：Si tibi vis omnia subjicere, te subjice rationi.

别人的强力排挤，是稳健而明智的。

16

我们必须限制我们的愿望，抑制我们的欲求，节制我们的愤怒，要永远记住，任何值得拥有的东西，每个人只可能获得无限小的一部分，而在另一方面，每一个人都会遭逢人生的许多不幸。总之，我们必得“一忍再忍”，如果做不到这一项，任何财富或权力都无法使我们免于痛苦。这也是霍勒斯（《书函集》，I.18）所说的意思，他建议：

要小心考察并努力探讨
如何最能促成一生平安——
庶不致竟日为废物被无谓意欲、
恐惧或希冀所折腾。

17

亚里士多德说得对，生命就在于动。我们之所以存在，从实质上说，是因为我们的有机体是不断地动的所在。如果我们要明智地生存，就得不断地使自己有所作为——不管做什么都行，只要是一些实际的或内心的活动。一些无所事事也无事可想的人，总是用手指头或近旁的什么东西敲击桌子，这种情况就可以证明前面的话。事实是，我们的天性在本质上是“无法休止的”，如果无所事事，我们一下子就感到厌倦，也就是无法忍受的沉闷。这种希望有所作为的冲动应该加以调节，把规律什么的引入到里面，这样将增加我们所获得的满意程度。有所作为，即使做一些事，如有可能就创造什么，至少学习一点什么，人类多么幸运啊，我们不活动是不能生存的！每个人都想利用自己的力量，看看能做出什么效果。如果他能生产或做出什么，不管是一本书或是一个篮子，他的这一意欲就将获得最完全的满足。看到自己手头的工作每天不断地有所进展，一直到它最后完成，具有一种直接的乐趣。这是从艺术品或文稿甚至不过是手工劳动所可得到的乐趣。当然，成品的性质愈为高尚，它愈能给予我们更大的乐趣。

从这一观点言之，所有被重大目标所驱使、知道自己有力量创造伟大作品的人士，是最为幸福的。它给予那些人的一生更为高尚的兴味，一种罕有的恩典，一般人因为缺乏这种际遇，比较之下，生活便变得非常乏味。对于禀赋优异的人而言，人生和世界在许多人每天都共有的私下兴趣之外，具有一种特别的兴趣，这种兴趣更为高尚，是一种正经而严肃的兴趣。他们是从人生和世界收集他们作品的材料，他们一旦免于个人生活需求上的压力，便把全生命致力于辛勤搜寻数据。他们的智慧也一样，在相当程度上，它是具有双重性格的，一部分用来应付日常事务，也就是全部世人都面临的有关意欲的事物，另一部分用来处理他们的特殊工作——对人类的生存从事纯粹和客观的沉思。在这个世界的舞台上，大多数人各自演一个小角色，然后下台，但大天才过着复式的生活，既是演员，也是观众。

那么，我们每个人都得根据一己的能力，做一些事情。不做正经的工作，没有预设的活动范围——这一生该是多么可怜啊！多少为了寻求乐趣所做的长时间旅行，反而把人搞得不快活，因为缺乏心中认为值得要做的事，我们简直就好似被逼迫得六神无主一样。人们努力同困难奋斗，就跟鼹鼠掘洞那么自然。个人所有的需求都得到满足，一种由于长时期的欢乐所带来的停滞感是无法忍受的。克服困难就是体验生存的充分快乐，不管我们在何处遇到那些阻挠，在生活的事务上也好，在商业或生意方面也好，或是由于探究的精神想要充分掌握对象，我们在思想上有所努力所遭遇到的。在奋斗或胜利中，总有令人愉快的事。如果我们没有机会让自己兴奋，我们就会尽力制造一个机会，根据不同个性，我们或打猎，或玩游戏；或是受天性的左右，我们找人争吵，密谋暗算；或是欺骗，做一般非法勾当——这一切都是想结束不可再忍受的平静无事。我已经说过，无事可做，不容易保持安静。①

18

我们应该避免被幻想的幽灵所牵引。概念经过明晰的思索而构成指引，任凭幻象牵引跟接受这种指引是不同的，然而人生的这些规律却为大多数人违背。在任何思考中，我们到最后决定采取某一特别途径，如果我们就当时的情况加以仔细的观察就会发现，该决定的形成，并不是出于各个概念经由明确的处理而一步步导致的一个正当的判断，而是受到看来可代表其中一个选择的某一幻想的图像所影响。

在伏尔泰还是狄德罗（Diderot）（我忘了明确的出处）的一本小说中，书中的主角像一位年轻的大力神，站在三岔路口，所见“美德”的化身不过是一位老学究，他左手拿着鼻烟盒，从盒子里取出一撮鼻烟，然后说教；而“恶习”就以他母亲的侍女的窈窕形象出现。我们努力的目标是一幅有关“幸福”的幻想的图像，在年轻时尤其如此，这图像就在我们眼前继续晃动半辈子甚至一辈子之久——简直就是作弄人的精怪。每当我们想到我们的梦想快要实现时，该图像就消失了，让我们知道，当初其所应允的一切都没有兑现。我们想象中分属于家庭、私下和社交生活的个别场景，有关居所和环境的模样，荣誉的表征，尊崇的明证等

① 原文英译为：It is difficult to keep quiet if you have nothing to do.

等，其性质都是同样的，“愚蠢的人都戴着挂有铃铛的小丑帽”①。有关我们对于所爱之人的梦想也常常一样。这一切也甚为自然，我们大脑中泛起的心象就像实物一样，直接地影响我们，因此，这些心象对于我们的心意，起着比之抽象的观念所给予的影响更为直接——抽象的观念只给我们一个模糊的一般的轮廓，没有细节，细节才是实体，我们只会间接地受到抽象观念的影响。然而，能按照诺言到时候兑现的唯有抽象观念。教育的任务就在于教导我们信任抽象概念。当然，抽象观念有时需要利用图像加以解释和说明，但是，我们需要谨慎行事。

19

上一节所谈到的规则，可以当作下述的一个通则的特例，这个通则就是：我们永远不应该被一时的印象所操纵，也不该为事物的表象所左右，这些印象和表象对我们的影响，其力量远远超过思想的或系列观念的单纯作用。它们之所以影响力大，不是因为这些一时的印象能供给丰富资料（事实往往相反），而是因为我们的知觉跟它们很熟悉，其作用是直接的，它们强行地侵入我们的心灵，扰乱我们的平静，粉碎我们的决心。

我们眼前之物能立刻产生充分效果，是不难了解的，但是，思想的作用和论辩的消化是需要时间和悠闲的，因为我们不能够同一时间在思想上顾及所有的事物。这就是为什么欢乐对我们有如许的吸引力，尽管我们决心抵抗；为什么我们为一篇批评所恼，虽然我们深知该文作者完全没资格做出判断；为什么我们被侮辱而激动，明知它是来自可耻的某处。同样的，尽管有十个理由支持我们推想自己处境是安全的，可能就会被一个“危在旦夕”的

① 原文英译为：Every fool has his cap and bells.

错误念头所推翻；其他例子就无须枚举。这些例子无非是证明，人性极度缺乏理智。我们之中许多人时常完全受制于当前的印象，只有少数人因为富于理智，能逃开相似原因的厄运。

如果我们不能够用思想去对抗某种外力所加诸我们的影响，最好的对付办法就是凭借一种相反的力量去中和它。例如，觉得受人侮辱后可以找欣赏我们的人在一起，就能解忧；感到即时危险的不愉快，可以靠尽力设想应付方法去躲开它。在《新篇》（第1卷第2章）中莱布尼兹提到，一位意大利人能够忍受黑手党的拷打，完全凭靠他不断想象，要是他把秘密透露，他会被判绞刑。他一直在高喊：我看到了！我看到了！——他后来解释，那就是他的计划的一部分。

出于相似理由，我们发现很难坚持己见。也就是说，不因其他每个人都不同意我们的意见，并已采取行动，而不变为犹疑不决，尽管我们很有把握人家都不对。一位正在逃亡、试图避免被逮的国王可以作为一个例子。一个忠心扈从在不暴露主子身份、需要严格伪装的情形下，对主子仍然遵守礼仪和顺从的态度，一定会让出走的国王感到无限欣慰的。要使他不致怀疑自身的存在，这种做法几乎是必要的。

20

在本书的第二章中，我曾经强调“健康”的重大价值，认为它是构成幸福的主要的而且最为关键的成分。在这里，我想列举几个如何维持健康的一般原则，来加强和再度确定我在该处所说的话。

使身体硬朗的方法，是在我们身体健康的日子，让身体从事许多劳力和努力——锻炼身体，要包括其整体及个别器官，使身体能抵御各种不利影响。但是，一旦我们的身体或任何器官有毛病，我们应该采取相反的途径，用尽所有手段护养身体或有关器官，不让它使力，已经出毛病、虚弱的部分不能接受锻炼。

肌肉可以靠尽力使用而予以加强，但神经就不同，神经多加使用反而会弱化。因此，让肌肉接受各种适当的锻炼的同时，我们应该小心，尽量不使神经受刺激。例如，我们的眼睛应该得到保护，不受强光（尤其是反射光）的侵袭，不在黑暗中使劲用眼力，或是长时间注视小东西。耳朵也应受到保护，不听太响的声音。还有，大脑不宜勉强，也就是不可使用过多，或在不当时间使用，在进食时要让它休息，因为在我们大脑中用来构成思想的那些精力，在进食时要在别处进行大量工作——所谓别处是指在消化器官内制造食糜和乳糜。基于同一理由，我们也不该在剧烈运动中或剧烈运动之后使用大脑。因为运动神经在这一方面就跟感觉神经一样，四肢受伤时所感到的痛苦是在大脑定位的；同样的，四肢并不是真正地自己运行或行动，实际是大脑，严格一点说，是大脑的某部分，经由脊椎刺激四肢的神经而使之运动的。因此，我们的四肢感到疲倦时，这一感觉的真正部位是在大脑。这就是为什么，只有这些出于有意识和随意也就是经由大脑指挥才运行的肌肉，会感到任何的疲劳；那些非出于随意运行的肌肉，例如心脏，就不同。如果剧烈运动和大脑运用被迫在同时或相隔不久进行，很明显大脑是会受损的。

我们开始步行时，或是漫步之际，我们常遇到思考力极为旺盛的感觉，这种实情跟我刚才所说的话并没有矛盾。大脑之中用于思考的部分，还没有到达它们变为疲倦的时间；此外，轻微的肌肉运动有助于呼吸器官的运作，并将更为纯净、氧化得更好的动脉血液输送至大脑。

让大脑获得充分的睡眠是极为必要的，因为只有这样大脑才会恢复功能。睡眠对于人的整体的重要，犹如钟表需要拧紧发条一样（见《作为意志和表象的世界》第2卷第19章）。睡眠的多少，直接跟大脑的发育和活动而有所不同；超出需要只是浪费时间，因为睡眠增加了长度，就失去其深度。[①]

我们应该了解，思想只是大脑的有机作用。像任何其他的有机作用一样，它必须遵守运作和休息的同一规律。过分使用，大脑会搞垮，就像眼睛一样。正如胃的功能是消化，大脑的功能是思想。有一种观点把灵魂看作基本的而非物质的，它只是存居于大脑，并不需要任何东西就能进行其必要功能，也就是它能从事思考而永远不会疲倦——这种错误的观点，无疑驱使许多人采取愚蠢的做法，进而导致智力变得迟钝。腓特烈大帝甚至有一次试图养成完全不睡眠的习惯。哲学教授们最好能克制，不要助长一些会导致恶性结果的观点；但是，学院派的哲学就是这么做的，因为它试图以老妇人模式的努力，要跟正统教义维持良好关系。我们必须习惯于接受智能只是一种生理功能，把它当作生理功能加以照管——保养它或是锻炼它，视情况而定。我们要记住，任何种类的生理上的痛苦、毛病或失调，不管是在身体的哪一部分发生，都会影响我们的心智。在这一题目上我所知道的最佳的建议，见于卡巴尼斯（Cabanis）所著《生理与道德的关系》[②]。

由于忽视这一规则，许多天才和伟大学者在年老时变得心智

---

① 对睡眠的长度和深度的比较，是为了说明，“睡眠”乃是从“死亡”借来的一部分，用以维持和补充我们在白天所耗费的生命——睡眠向死亡借贷以维持生命。我们或者可以说，睡眠是我们依据本金所付出的利息，“本金”在死亡之际一并偿还；利率愈高，愈是按期付出利息，偿还的期限愈是可以延迟。

② 英译者注：叔本华在这里所提的著作，是法国哲学家卡巴尼斯（Pierre Jean Georges Cabanis，1757—1808）所写的一系列论文，以生理的基础来探讨心理和道德的现象。卡巴尼斯在晚年完全放弃了唯物观点。

衰弱、幼稚甚或疯狂。就以本世纪（19）初的司各特、华兹华斯、骚塞几位著名英国诗人为例子吧。他们在年老甚至在六十几岁时，毫无疑问的，在智力上变得迟钝无能。事实是，他们到达那一阶段时，因为受到大笔酬劳的鼓励而被牵引，竟至把文学当作买卖，为钱而写作，他们之所以成为低能儿，肇端就在这里。这种情况诱导他们不自然地滥用智力。不断奴役灵感、驱策诗神的人，总会受到惩罚的，这跟沉溺于滥用他类精力一样。

甚至康德的情况也一样，他在成为名人之后，晚年不能免于过度工作。他最后四年的第二度童稚生活，我猜想就是过度工作所致。

一年的每一个月，都会对我们的一般健康和身体状况甚至对心境造成个别的与直接的影响。这些影响跟天气没有关系。

三、为人之道

21

在迈进人生路途的当中，如果我们愿意而且有能力做到两点——放眼前途，宽容异己，我们会发现受益良多：前者让我们不受损失和伤害，后者可以使我们免于争论和口角。

不能远离人群，我们便不应该断然地弃绝任何人，因为每一个人在大千世界中都有他应有的地位，不管他是如何邪恶、可鄙或可笑。我们必须把这当作不可改变的事实，加以接受——事实之不可改变，因为那是一条永恒的基本原则的必然结果；情况恶劣时，我们应该记住恶魔靡非斯特的话：“世界上总有愚人和恶徒。”（见歌德著《浮士德》第1卷）如果我们不这么做，我们就违犯了公正，不啻跟我们弃绝之人做一番生死决斗。没有人能改变他自己的独特个性、道义性格、智慧能力以及自己的脾气或体形。如果我们处处吹毛求疵，人家就会一无是处，被逼跟我们成为死对头。因为我们实际上是开出条件——人家若是要生存就得换成另外一个人，这条件是根本做不到的，他的性格不允许他这么做。

因此，如果我们要跟人们一起生活，我们必须允许每个人有权利按照自己的性格生存，不管其人的性格如何；我们应该努力从事的，是在他的本性所许可的方式中善用他的性格，而不是希望他的个性有所改变，或是直截了当地指摘人家性格的不是。这就是下列格言——自己活也让别人活——的真实意义。可是这话虽然含有至理，要去做却极为困难，一个人如果能够永远避免跟许许多多人打交道，他是幸福快乐的。

容忍他人的艺术，可以用无生命的物体来练习我们的忍耐力而有所得。无生命的物体，由于其某种机械的或一般物理上的必然性，对于我们的肆意行动，会做出坚决的对抗——我们每天都需要具有这种形式的忍耐力。我们这样获得的容忍力，可以在我们跟人们交往的时候应用得到，我们会从此习惯于他人的反对，不管我们在哪里遇到，我们会认为这是出于别人性格的必然结果。他们的性格蓄意要反对我们，是由于丝毫不苟的必然律，跟无生命物体对我们做出抵抗的情况一模一样。对别人的行为感到气愤，就如同对着滚到我们路上的石头生气一样的愚蠢。对于许多人，我们所能有的最明智的想法就是“我不要改变他们，我要善用他们”。

22

两个人一开始交谈，对于彼此在思想和性情上的相同或相异，一下子就能感觉出来，每一个细节都显露真相，其容易和快速往往使人惊讶不已。两个性格完全不同的人一起谈话，尽管话题无关紧要，或是跟双方都无真正利害关系，一方所说的几乎每一句话，都或多或少地会让对方不快，在很多情形下，简直会导致极度厌恶。另一方面，性格相似的人立刻就会有一种共鸣的感觉，如果他们很像是一个模子铸造出来的，经过来往后可望意见完全和谐或一致。

这一现象可以解释两种情况。首先，这能说明为什么普通的或平常的人，是那么喜欢与人交往，到处受人欢迎。啊，那些善良、可亲而老好的人们！性格特出的人就情形相反，他们性格愈为特出，就会变得愈为不喜欢跟人交往。在他们孤独之时，假如他们偶然会遇见一个人，对他们存有一丝同情，不管是多么细微，他们就会觉得他极为和蔼可亲。所谓惺惺相惜，两人情谊的建立完全出于彼此具有相同的感觉和需要。伟大的心灵像老鹰一样，它们在高耸凄凉之处筑巢。

其次，这使我们了解到，性格相同的人很快就能合得来，好像受到磁力吸引在一起一样——同类的心灵从远处就彼此打招呼。当然，我们观察到的这种情况，大多是由趣味庸俗、才智低下的人们所展现出来的，这些人真多。趣味和才智比较高尚的人士相当稀有，不容易遇见。他们之所以称为“稀有”，就是因为不常发现他们。

例如，一大群人为了实现某一个实际目标而组成一个团体，如果其中有两个坏蛋，这两个人就好像身上佩戴着相似的徽章，一下子就会认出对方，而且会立刻同谋诡计。同样的，请你试想，有那么一大群非常聪明慧巧的人（根本是不可能的），其中只有两个傻瓜，这两个人一定会被同情心所驱使而聚集在一起，而且他们暗地里很高兴，各自认为在一大群人之中，至少又发现一个“聪明”人。观看这两个人，尤其是如果他们在操守和智慧上都低人一等，他们如何初次见面就认出对方，他们是如何热心想结为朋友，他们是如何亲热和高兴地跑上去跟对方打招呼，就好像他们是老朋友一样，这些情景真的是值得一看的——这种动人的程度，甚至可能诱导我们接受佛教的轮回的说法，假定他们在前生是熟稔的。

尽管有着这些一般的共识，但相聚在一起的人们总会分开的，有一些例子，是他们之间会产生一时的不和，这是由于心情不同使然。我们很难看到两个人的心境是完全一样的。我们心境的变化，跟我们生活的状况、职业、环境、健康、个人一时的思绪等等，都有关系。这些不同就会让两个性情最为投合的人产生不和。要能够随时做出必需的校正，除去这种扰乱力，并且引入一致温度那样的要素，将是一项涉及最高教养的成就。一致心情对导致亲密友谊的相关程度，可以从一致心情对一大群人的影响上很容易地测定出来。例如，当许许多多人聚集在一起，如果有某一客体性的有关事物，不管是什么，譬如共同的危险或希望、某大好消息、某种奇观、一出戏、一首音乐，或任何类似的东西，那些能够以相似的方式对他们有所影响的事物，你就会看到他们都会倾心于某一想法的相互表达、某种由衷的关心的流露，他们之间有一种共有的愉快感受。那些吸引他们注意力的有关事物，经由克服所有私下的和个人的兴趣，产生心情上的一致。

如果没有我刚才所说的某种客体的有关事物，通常就得借助于主体性的事物。一瓶美酒就时常用来产生彼此的亲密感，甚至茶和咖啡也用于相似的目的。

由于有关人士一时的心情不同所引起的不和睦，在各个社会都可见到。这类的不和睦还能部分地解释，为什么对于过去各阶段我们所持有的态度，我们的记忆都加以理想化，有时是几乎让它完全改观——这种改变是因为我们无法记得在过去每时每刻都扰乱我们心情的所有的一时的影响力。就这一点来说，记忆力好像照相机的透镜，把它视域内的所有东西都缩小，因而创制出比原来景色更为精致的图像。就人的情况来说，不能相聚总是能获得几分这样的好处，虽然记忆的理想化趋势需要时间去完成，可是这一理想化的趋势是立刻开始进行的。一定要隔一些时间才去探望新朋旧友，是明智的；再见到他们，你会发觉记忆已经开始理想化了。

23

没有人能看到超越自己的高度的东西。我来解释这句话吧。你在他人之中所能看见的，局限于你自己所拥有的。你的智慧的高下，严格地决定了你对别人所了解的程度。如果我们的智慧很低，他人的智慧力，即使是最高超的那一类，对我们不会产生丝毫影响，除了他个性之中最卑劣的一面——换言之，除了他的人格和个性中存有缺点的那些部分，我们在他的身上看不到其他的什么。我们对他的整个评估只限于他的缺点，他的比较高超的才智对我们来说是不存在的，正如色彩跟盲人的关系一样。

没有才智的人，是看不见才智的。在批评他人作品所提出的意见之中，批评者的学养范围，跟该作品的特色，都同样是构成他的评断的基本要素。

因此，与人交往就牵涉把自己“拉低”的过程。仅是一个人具有、另一人缺乏的品质，在他们相见时是不会发生作用的；其中一人必然遭受的损失，另一人是不会发觉的。

考虑到大多数人都那么世俗、低劣和平庸，我们就得暂时变得平庸，否则无法跟他们交谈（这里把人们的交往比拟为电的配送）。这样，你就会充分欣赏下面这句话的真实和妥当性：做人需要贬低自己[①]。有些人跟你交往的唯一接触点，就是你性格中自己最不喜欢的那一部分，避免跟他们交往是能让自己高兴的。对付愚人和笨伯时，唯一能显露你的智力的办法，就是不跟他们来往：这一点你会明白的。这当然就是说，在我们与人交往当中，不时会感到自己很像一个善于跳舞的人应邀参加舞会，到达之时，发现在场的每一个人都是跛子，我们究竟跟谁跳舞呢？

24

一个在等待或悠闲坐着的人，他不用手头的东西——他的手杖或者刀叉，还是别的，发出嘎嘎的响声或是打拍子，那他是百中见一的佼佼者，我对他怀有敬意。最可能的情况是，他在思索什么事情。

对于大多数人来说，他们的视觉能力，很明显地完全控制着他们自己的思想力；他们只有在发出噪声的时候，才似乎觉得自我的存在；除非他们碰巧在抽烟，抽烟也让他们有同样的感觉。出于同一理由，他们全神贯注地观看和聆听周围所发生的一切。

25

拉罗什富科说过一句令人深思的话：对于同一个人，我们很难在同时又崇敬他又热爱他。如果这话可信，我们对于世人所可能要求的，就只能在敬和爱之间加以选择。

虽然方式很不同，人们的爱总是自私的，他们用来获得爱的手段，并不总是让我们觉得自豪的那种。我们之所以获得他人的爱意，是因为我们不对他人的智力和善意提出过分的要求，但与人交往时一定要真心诚意的，没有丝毫伪装——不可仅仅出乎容

① 原文为：sich gemein machen.

忍，容忍说到底只是一种轻视。这就让我们想起爱尔维修[①]的一句观察入微的话："我们所拥有的才智，其分量通常可从能够令我们欣喜的那些才智被很准确地估计出来。"用这句话为前提，是容易得出结论的。

谈到"敬"，情况正好相反。人们是不轻易敬重他人的，也因为这一理由，大多数是隐藏着敬意的。因此，跟"爱"相比，"敬"更能予人真正的满足，因为"敬"跟个人的价值有关，"爱"就不能直接这么说，它的性质是主观的，"敬"却是客观的。但说实话，被爱比受到敬重更为实惠。

26

大多数人都是彻头彻尾的主观主义者，除了他们自己之外，什么也引不起他们的兴趣。不管说什么话，他们总想到他们自己的情况，只要偶然有机会提到牵涉他们个人的任何事，不管其关系是多么疏远，他们的注意力就全部集中，全神贯注。其结果就是，一旦话题转移，他们就没有能耐对事物得出客观的见地；对于有损他们利益或虚荣的话，他们也无从承认它的有效性，因此，他们的注意力很容易被分散。他们动辄生气，觉得受到污辱或被冒犯，故而跟他们讨论任何一般的事，我们都必须极度小心，避免让我们的话有一丝一毫跟我们面前值得尊敬而敏锐的人士有所关联，因为我们可能说的任何东西或许都会伤害他们的情绪。如果不会影响到自身，人们大多数什么都不在乎。他们对于真实动人的观感，或是精致、微妙和机智的谈话，完全无缘：他们不懂，

---

① 英译者注：C.A. 爱尔维修（1715—1771）是叔本华敬重的一位法国哲学家，他的主要著作《精神论》，因为明确地推崇唯物观点，在出版之时曾引起人们热烈的兴趣和反对。

或没有感受。但是，最为间接、可能性极少的、那些会扰乱到他们无聊的虚荣的事物，或是会不利地反映出他们极为珍贵的自身的任何东西——对于那些，他们就最为细心而敏感了。在这一方面，他们就像你可能不经意踩着它脚爪的小狗——从它大吠尖叫你就知道；或者，他们像全身长满溃疡和脓疮的病人，对待他们可要小心，须避免无谓的接触。在有些人之中，这种情绪已经到达过分的地步，如果他们跟人谈话，对方表现出或者未能全部掩饰自己的才智，他们就会认为是不折不扣的侮辱，纵然他们当时会隐藏恶意。这位无心的冒犯者事后想不出他们为什么会这样，而要诘问自己究竟做过什么事，惹来人家的毒意和仇恨。

但是，讨好和争取这些人也同样的容易。这也是为什么他们的判断通常会改变，为什么他们的意见会被影响，而这种改变和影响，不是由于事情千真万确，而是出于对他们所属的团体或阶级有利。最为终极的理由就是，这些人的“心意”的力量，远远地超越知识，因此，他们贫乏的智慧完全投降，交由心意指挥，可怜的智慧不能获得片刻自由。

人们这种可悲的主观倾向，导致他们把任何事物都看作跟自己有关，大凡跟个人事务无直接关系的事，根本不去想它，在这方面，占星学提供了极为可观的证据。占星学的目标是把天体的运行跟可怜的“自我”联系在一起，并让天空的彗星和人间的倾轧及恶行建立关系。（例如，参看斯托拜乌斯《精选集》I.22.9）

27

不管是在公共场合、社团或在书中发表过什么不当的意见，并且获得认可——无论如何，没有受到驳斥，我们没有理由需要失望，或是觉得事情就此终了。为了安慰自己，我们应该这么想，有关问题当在以后逐渐受到注意；新的看法会加上去；该问题会得到思考、深思、讨论，通常到最后将导致正确的见解；在一个时期之后（时间的长短视乎问题的困难程度而定），明白人早就看出的答案，大家都会了解的。

在这同时，我们当然必须忍耐。在众人无不迷惑之中能看出真相的人，就好像他的手表走得准确，而他居住的镇上的所有钟表都有误差一般，只有他知道准确的时间，但这对他有什么用呢？人人都按照错误的钟表行事，包括那些知道他的手表是唯一准确的人。

28

人们就像孩子一样，你要是宠爱他们，他们就会顽皮。因此，我们不可对每个人都纵容或是宽宏大量。一般来说，不借钱给某人不会丧失一个朋友，借钱给他倒有可能失去这个朋友；同样，我们不会因为举止有些高傲和粗心，一下子就把朋友疏远；但如果我们对人非常和蔼而殷勤，对方就常常变得傲慢，令人无法忍受，终至分手。

最为令人无法招架的事情是，人们觉得你要依赖他们。一有这种想法，人们就对你态度无理而专横。有些人，只要你跟他们进入任何关系，就变得不文明。例如，如果你时常要跟他们谈到秘密的事，他们立刻异想天开地觉得可以对你胡来，而试图逾越礼貌的原则。这可以解释，为什么只有很少数的人你愿意结交，为什么不能跟粗俗的人太亲近。有人一旦认为我依赖他超过他依赖我，他立刻会觉得我偷过他什么东西，他会设法报复，取回一些什么。跟人相处想要取得优势，唯一的方法是让对方看到，我们不依赖他。

根据这一看法，不妨让你的相识——包括男女——不时觉得你不在乎他们的交情，这倒能加强关系。事实上，对于大多数人而言，偶然在对待他们时掺杂一些藐视的态度，并不碍事，那么做，倒会使他们更为珍惜你的友情。意大利有一句充满奥妙的谚语：“藐视就能获得重视。”如果我们真正地非常敬重某人，我们千万不能让他知道。这么做不能令我们满意，但是应该这么做。说真的，家犬尚且容忍不了我们过分的溺爱，何况是人？！

29

性格高贵、心智宏伟的人，往往显出罕有的缺乏世故，对人们缺乏了解，他们年轻时更是如此，其结果是，要欺骗或是误导他们很容易；在另一方面，性格普通的人更易于在这个世界发迹，获得成功。

其理由是，当我们经验很少或是没有经验的时候，我们必定要依靠臆测的概念加以判断。对事物必须予以判断时，臆测的概念总是不能跟经验相提并论的。对一般人而言，臆测的概念就是出自他们自私的看法。在心性上比一般大众高超的人士就不是这样，就在“不自私”这一点上，他们跟其他的人不一样，他们是根据自己的高标准去判断其他人的思想和行为，其结果就不会总是跟他们的计算相符合。

一个性格高尚的人，由于自身经验的影响，或是学习他人的教训，最终还是会看出，大众之中有六分之五的人都在道德和智力上产生问题，你对一般人所能期望的就是这样。因此，只要环境不把你跟那些人安排得有亲谊关系，最好是躲开他们，尽量远离他们，不跟他们发生关联——纵然这样，君子仍是未能适度地了解到他们卑劣不堪的天性。他一向对于人性所做的低下评估，需要毕生不断地把它的范围扩大和加深，与此同时，他将会犯重大错误而有损自己。

在他确切地记得人生所给予的教训之后，他有时会在一些不认识的人之中，惊奇地发现人们看起来竟是那么彻底的适宜，不管在谈话或举止上都是如此——事实上，他们是相当老实、诚恳、讲道德和可靠的人，而同时又精明伶俐。

但是，他无须对这情形感到困惑。上天并不像拙劣的作家，后者把蠢人或坏人介绍给我们时，做法笨拙，设想肤浅，让我们几乎觉得作家就站在他所写的每个人物的背后，不断地剥夺每个人物的七情六欲，并且用警告的口吻告诉你：这人是坏蛋，那一个是蠢人，不必听他说的话。上天创造人的做法像莎士比亚和歌德，这些大文豪让自己所写的每一个人物（包括最坏的大恶魔），都各以多个不同角色出场而恰如其分。各个人物都是那么客观地被描绘出来，我们的兴趣为之激起，我们无法不同情他们的观点。像上天的创造一样，大文豪所创造的每一个人物，总受到某一潜藏的定律或原理的作用而演化，使他们所说所做合乎自然，因而也就是必然要那样发展。如果我们期望所见到的魔鬼都生有尖角，蠢人一行动就发出铃铛声，我们将一辈子都成为魔鬼和蠢人的受害人或玩物。

应该牢记的是，人们跟其他人交往的时候，他们就像月亮或是像驼子一样，他们只让你看到他们的一面。每一个人都有伪装的天分——利用自己的容貌制造一副面具，所以他看起来总是像他想要假装的模样，因为他总是在他个性的范围内谋划，他装扮的外表非常适合他，其效果特别会令人受骗。每当他的目标是要讨好某人、企图赢得某人好感的时候，他就戴上面具。我们对这种面具须加留意，要把它当作是蜡制的，或是硬纸片做成的，我们千万别忘记意大利的一句绝妙的谚语：摇尾巴的狗可能是最凶狠的。

无论如何，对于新近认识的人，不宜轻率称赞有加，否则我们非常有可能会失望的；到时候，我们会感到羞耻，或者会受害。趁我在谈论这个题目，另外有个事实值得一提。这就是，从一个人处理小事的方式，可看出他的性格——因为那时候他不会特加留心。这就时常会提供好机会，借以观察人们在性格上的极端自私，对他人完全缺乏顾虑。如果这些缺点在小事上显露，或在他的一般行为中可以看出，我们就会发现他在处理大事上，同样是潜伏着的，尽管他可能已把事实有所掩饰。这种机会不宜错失。在日常生活的小事和环境中，在那些"法律不会计较琐事"[①]的事件中，如果某人无所顾虑，只寻求一己的利益和方便，结果损及他人的权益；如果某人罔顾公众利益而中饱私囊，我们敢说他心中没有正义，要是没有法纪和强制力束缚他的手，他必然是一个大恶徒。不可信任他，不要让他进入门内。在私下小圈子内不怕破坏法律的人，一旦觉得可以破坏国家大法而逃过法网，会不惜以身试法的。

要是一个普通人的善性超过他的恶性，我们与他交往时，尽可依赖他的正义感、公正心、感恩、忠贞、爱和同情，不必让他对我们心存畏惧；但情况往往是，一般人都恶性超过善性，相反的措施是较为谨慎精明的。"宽恕而不计较"的意思，就是把高价买来的经验扔掉。

跟我们有关系，或是我们必须跟他打交道的人，如果显露出令人不快的习性，我们就必须问自己：这个人是否价值那么大，我们竟能够忍受他的坏习性接二连三、变本加厉地展现出来。如果对这个问题的答案是肯定的，可说的话不多，因为空谈无益。我们唯有让事件继续下去，不管我们是否表达过不满，我们应该

---

① 原文英译为：The law is not concerned with trifles.

记住，我们这么做就是让自己暴露于再度被冒犯。如果答案是否定的，我们就需要立刻跟这位尊贵朋友断绝关系，不再往来；要是对方是佣人，把他辞掉；因为情况一旦重现，他不可避免地会重犯同样的或类似的过失，尽管在当时他衷心地诚挚地保证不再那么做。人们对任何事，绝无例外地都能忘记，可是不会忘记自己以及一己的性格。性格是无从改变的，因为人们所有的行为都源于内心的原则，因而情景相同时总是会做同样的事，不会有所不同。我曾就所谓“心意自由”的题目，写过获奖的专论，读者略加浏览该著作，当会去掉对此问题的任何误解。

跟断绝过关系的朋友恢复往来，是一项弱点。对方因为做过某事令我们跟他断绝往来，我们要是跟他恢复关系，他一有机会将做完全同样的事，我们届时就会受到处罚。的确，他会变本加厉，因为他私下里知道你一定要依赖他。我们把佣人辞退以后再雇用，也会发生这种情况。

同样的，在环境变更之后，我们也不可期望人们继续做同类的事。真相是，人们的兴趣一有变动，他们的行为和情绪就随之变动。在这一方面，他们的意图是极度近视眼开出的票据，接受票据的人没有异议的话一定是更为近视。因此，假如你想要知道你打算安置在一个机构的某人的行为如何，你不能把期望建立在他的应允和保证之上。因为，即使我们认定他是诚心诚意的，但他对所谈论的问题他自己并不明白。要估计他行为如何的唯一办法，是考虑他将被安置的环境会怎样，以及它可能跟他的性格发生冲突的程度，才会有些端倪。

构成大多数人的性格的真实素质是令人沮丧的，如果我们想要对这些素质具有清楚而深刻的了解（这了解有其需要），我们不妨把各个人物在文学作品中的行为，作为一篇对于他们在实际生活中作为的评论，相信会获得不少教益；从相反的方式来看人们的性格，也是一样。这样得来的经验，用来避免对自己或是对他人抱持错误的看法，都会是很有用的。但如果在真实人生或作品中，你遇见任何特别卑鄙或愚蠢的脾性，你一定要小心不让这情况使你烦恼或难过，只把它看作增加你的见闻的一项材料，只是研究人性时可考虑的一桩新事实。我们对待这些卑鄙和愚蠢的态度，应该和矿物学家偶然发现非常特别的矿物标本一样，没有什么不同。

当然，有些事实是非常突出的，要了解这些事如何发生，以及人与人之间的区别竟是如此之大，并不容易；但是，大体说来，古老的话相当正确，世界是邪恶的。在野蛮国家中，他们是人吃人；在文明国家中，他们是人骗人，这就是大家所说的世道人心！各个国家中所有复杂的政治体系，不管是在内政或是外交上都由实力控制——这些不都只是为了防止人类无穷无尽的罪恶所设立的藩篱吗？君王一旦权力稳固，而且人民到达某种程度的繁荣之后，他就利用这一时机派遣军队，像一群强盗那样进攻邻国。所有的历史不都是充满这些故事吗？所有的战争，说到底，不几乎都是为了抢掠而进行的吗？在最遥远的古代，被征服者都沦为奴隶，中世纪在某种程度上也是一样，换句话说，他们得为战胜者服劳役。战争补偿金代表的是从前劳役的产值，做奴隶跟缴付战争补偿金之间有什么区别呢？

伏尔泰说，所有的战争都是抢劫[①]。德国人应该把这句话当作警告。

---

① 原文为：Dans toutes les guerres il ne s'agit que de voler.

30

没有人具有充分的条件，能够独自发展，完全按自己的方式行事；每个人都需要获得预先设想好的计划所做出的指引，依循若干一般的规则。但是，如果有人过分循规蹈矩，努力培养一个跟自己天性不合的性格，这种性格只是由人为的功夫而取得，并完全靠推理的过程才有所进展，他不久就会发现，霍勒斯的话可以得到确认：

> 用棍叉赶走自然，她仍然会回来。
>
> （《书函集》，I.10.24）

了解一条与人相处的行为规则，甚至是发现这条规则，并且精当地把它写出来，都很容易；可是，不久之后，这条规则在实行时就会被打破。但是，不要灰心，你无须乱想，既然人生不可能按照空洞的观念和规矩去制约，还不如自己要怎么活就怎么活。在这里，像一切想获致实际效果的论说，首先是了解规则，其次是学习如何付诸实践。致力于推理我们可能马上就懂得理论，然而要能做到就需要一段时间。

让初学者看乐器的各种谱子，或是击剑的不同姿势，不管他怎么努力学，他一定会犯错。每当他犯错，他准会想，要依照眼睛看乐谱的速度，或是在剧烈的决斗之中，去遵守那些规则是不可能的。尽管如此，经过一连串的过失、错误和重新努力，逐步的练习使他臻于完美。在其他事物上也是如此：在学习写和说拉丁文时，我们会忘记文法规则；必须经过长时期的练习，蠢人才会成为侍臣，冲动的人变得精明而世故，直言的人变得含蓄，高贵的人变得语多讥讽。虽然这类的自律是长时期习惯的结果，它总是要有外界的强制才做得到，可是本性一直都在抗拒，有时竟然出乎意料地冲破一切。按照抽象的原则所做出的行为，跟出乎天性所做出的行为，其间的差别，犹如巧夺天工的人造品（例如手表，其形式和动力来自无定形无动力的物质），和一个有生命的有机组织之间的差别，后者的形式和物质是一体的，彼此无法分开。

拿破仑皇帝说过，“不自然的事物不会是完美的”。这句话可以表达一个人的后天性格和内在本性之间的关系，同时也确认我所说的话。这句话可以应用到各方面，不管是在物理还是伦理方面。我所想到的唯一例外是金石英，这是矿物专家知道的一种物质，它的天然状态不如人造品。

在这一问题上，让我再说一句话来反对任何形式的“做作”：矫揉造作永远会令人轻视。首先，它摆明是欺骗，欺骗就是胆怯，胆怯又基于恐惧。其次，这无疑是自贬，因为我们想扮演并非自己的角色，也就是认为自己不如人。假装出某一品性，以某一品性为荣，根本就是承认自己不具有它。不管是勇气，或学问，或才智，或幽默，或是获得女人垂青，或是财富，或是地位，不管他吹嘘的是其他什么，我们尽可以下结论说，他所吹嘘之事物，正是他所缺的。人要是真正充分具有某才智，他不会想到需要大事显露自己具有它；他知道自己厚实的底蕴，很是满足。西班牙的一句谚语正好用在这里：喀啦作响的铁蹄少一颗钉子。当然，我一开始就说过，没有人应该让缰绳完全放松，把自己的真面目暴露，因为我们的天性之中有很多邪恶凶暴的一面需要隐藏起来。这就是说，消极的掩饰是可接受的，但不能假装具有本来没有的品格。还需要记住的是，矫饰伪装一下子就会被人家发觉，甚至在他们还未明了所伪装的是什么之前。最后，伪装做作不可能持久，有一天面具就会掉下来。塞涅卡（《谈宽厚》I.1）说，无人能够长时期伪装不存在的性格，因为天性不久就会依然故我。

31

个人负荷着自己的体重，完全没有感觉，如果要移动其他物体，他立刻就感觉到它的重量了；同样的，人能看到他人的缺点和恶习，但无视于自己的短处。上天的这种安排有一个好处：它把其他人做成镜子，我们能从其中看出自己天性之中的恶劣、错失、缺乏教养和可厌的种种脾性；只不过，通常都是狗向自己影子大吠的老故事，他看见的是自己，不是他想象般看见另一只狗。

批评他人的人，就是在改造自己。习惯于暗中审视他人的一般行为，对人家所做或未做给予严厉批评的人们，能够改进自己，让自己尽可能完善。因为他们有足够的正义感，或是有足够的骄傲和虚荣，避免做出自己在他处曾经遭到严厉责备的行为。宽容的人正好相反，他们会宽容他人，也宽容自己（霍勒斯《诗艺》，II）[①]。《圣经》说到别人眼睛中的小缺点和自己眼里的大缺点，说是说得好，但我们眼睛的作用不是看眼睛本身，而是看其他东西。所以，观察和责备别人的过失，是一个很适当的方式，让自己知道到自己的毛病，为我们的德行整容，我们需要一面镜子。

这一规则，可以沿用到有关文体和写作研究上。如果在创作方面有某种新噱头，你未加责骂，反而鼓掌，你就会有样学样，这就是为什么文学上的噱头在德国如此风行。德国人是一个宽容的民族——大家都能看出，他们的格言是：宽容别人，也宽容自己。

① 原文英译为：We claim for ourselves the same indulgence that we extend to others.

32

性格高贵的人，在年轻时会这么想：人类之间盛行的关系，还有这些关系所导向的结合，毕竟在性质上是“理想的”，这就是说，它们是基于相似的情操、气质、智慧，等等。

但是，到后来他会发现，那些结合是建立于“实际”的基础之上，着眼于某种“实质”的利益。这几乎是所有结合的真实基础。说真的，大多数人对于任何其他关系根本一无所知。因此我们发现，一个人所获得的评价，总是由他的职位、职业、国籍或家庭关系来决定——总之，他所得的对待，是来自人生中按照惯常举措所指派的地位和角色，就像是一件工厂货品贴上标签那么被处理。按照一个人的特性，谈论他具有什么内在品质，除非是方便，否则是不那么做的。因此，那样看待一个人是例外，只要有人一旦发现它不相宜，便会放置一旁而不顾，而这种情况是时常发生的。一个人的内在价值愈多，他从这些惯常举措所得的乐趣就愈少，他也就会从所得乐趣不多的地方退出。这些举措之所以存在，是因为在这个世界中，苦难和贫困是主要特色，因此，各处生活中最首要的事务是想尽方法疏解民困。

33

正如这个世界流通的不是真的银币，是纸币，在人生的真实尊敬和真正友谊之中，我们所见到的只是外表——那些按照原物尽力仿制的赝品。

另一方面，我们可以质问，到底有谁值得拿真的银币？无论如何，我断定，一只忠实的狗摇尾巴，比之人们表示关怀的一百种样态，具有更大价值。

纯真的友谊按理必须对于另一人的祸福原先就具有强烈的同情心，其同情的性质是完全超然、没有利害冲突的，这就意味着自我跟友谊对象的绝对认同。人性的自我本位对于这样的同情，是强烈地敌对的，所谓真正的友谊，是属于海龙之类的东西，无人知道它是否荒诞无稽，还是真正在哪里存在过。

在人与人之间的关系中，毕竟还存在有一丝丝真正友谊的许多例子，虽然一般来说，某种私下的个人利益，那种出于“自私”构成的诸多方式，到底是其基底。在这个不完美的世界，这一点真情具有非常高尚的影响，让我们有理由叫它为友谊，它高高地耸立于人类一般所流行的友谊之上。后一类友谊的性质是，如果你听到好友在背后怎样谈到你，你不会再跟他说一句话的。

在需要朋友做出相当牺牲来支持你，并对你真正有助益的某些情况之外，最好的试测友情是否真诚的方法，是看他接到你刚发生不幸消息时所显现的模样。在那时际，他的面部表情或是一心想到对你的真实而诚挚的同情，或是面容完全平静，或是出现并非同情的蛛丝马迹，相信可以证实拉罗什富科一句有名的话：“就是最好的朋友发生不幸，我们总会找到让我们高兴的什么东西。”①的确，在那时刻，一般所谓的朋友会发现，要压抑脸上一丝欢喜的笑容，不是那么容易的。要让人们心情愉快，最好的办法是告诉他们你最近有麻烦事情缠身，或是不保留地道出你的个人弱点。这是多么能说明人性啊！

海天相隔，长时间不见面，总是对友谊不利的，不管我们是如何不愿意承认。我们对于不见面的朋友的关切——尽管是最亲近的朋友——不过几年就会慢慢地干枯，变为抽象的念头，终致我们对那些朋友的兴趣只是理念上的——的确，这样的友谊只不

① 原文英译为：In the misfortune of our best friends we always find something that does not displease us.

过是陈陈相因罢了。我们对于眼前经常所见到的，即使不过是可爱的小动物，我们会维持活生生而深刻的兴趣。这说明人们的感觉有其限度。歌德在《塔索》（第四幕四景）中所说“此刻”对我们的重大影响，是多么有道理：

> “此刻”是一位有权力的女神。①

“本宅友人”说得很对，因为友人是属于宅子的，不属于宅子的主人；换言之，友人像猫，不像狗。

你的朋友会说自己是诚恳的，你的敌人才真是诚恳。把你的敌人的谴责当作一帖苦药，用来认识自己。

俗话说，患难朋友很少。这话不对。你一交上一个朋友，他就说他有患难，问你借钱。

34

一个人把才智和精明表现出来，就能够使自己在社会中受人欢迎，你要是这么想，你一定还入世未深。对于大多数人来说，别人具有这些优点只会引起憎恨和愤慨，又因为需要隐瞒生怒的真正缘由（甚至对自己），这就让人更难忍受。

实际发生的经过是这样的。有人觉得交谈的对方在智力上远远超过自己，他就会暗中半不经意地做出结论：交谈的对方对自己的能力做了相当的低估。就是这种推理法——一种省略推理法，激起了他怨恨交加的痛苦之情（见《作为意志和表象的世界》，第 2 卷第 19 章，我在该著作中曾引述约翰逊博士及歌德年轻时的友人梅尔克的话）。巴尔塔沙 · 葛拉希安（Balthazar Gracian）

① 原文为：Die Gegenwart ist eine mächtige Göttin.

说得好，“要想受人欢迎，我们必得表现出最像动物的简单举止”[①]。

显露你的才识，不啻是间接谴责他人迟钝无能。此外，庸俗的人一看到任何跟自己相反的品质，会自然地产生剧烈的激动，在这种情形下，忌妒就成为他跟人敌对的私下理由。因为我们每天所见到的，是人们以满足虚荣作为最大的快乐；而不跟他人相比，虚荣是无法满足的。聪明才智使得人们在动物世界中取得优势，我们最感到骄傲的就是有才能。让对方知道你一定比他强，而且让其他人也看到这一点，是非常莽撞的；因为他会渴望报复，一般来说是找机会用侮辱方式进行，因为问题已由理性范围转到“意气”范围，到了这一地步，怀有“敌意”就让人站在同等地位。所以，地位和财富总可望得到敬重的对待，才智就绝不可这么期望。才智被忽视倒是人家最大的好意；人们要是注意到某人有才智，是把它看成一种傲慢，或是这人有才智是委实不配，而竟然敢引以为傲，为了报复，人们暗地里找其他方式侮辱他。他们不急着进行，是在找适当的机会。某人尽管谦虚有加，但要别人忽视他因聪明过人所招来的罪过，是很少见到的。在著作《玫瑰园》中，萨迪这么说：“智者不愿意跟愚人为伍，愚人更是一百倍不喜欢跟智者见面。”

在另一方面，“智力低下”是广受欢迎的。温暖对身体是舒适的，人们感到优越对心理也是相宜的；我们想找的友伴就是他有可能给予我们这种感觉，就像要取暖时我们凭直觉会朝向火炉

---

① 英译者注：见巴尔塔沙·葛拉西安的著作《神谕指南，一系列的人生行为箴规》，第 240 页。巴尔塔沙 · 葛拉希安（1601—1658），西班牙散文家及耶稣会教士，他的作品主要描写人生各种现象中所见的人物。叔本华，还有其他人，对他的处世哲学非常倾心，把他的上述著作译为德文。该著作在 17 世纪末有英文译本。

或是走进阳光中。这也就是说，有人会由于气质优越而为人厌恶；如果我们要得人喜欢，就需要智力低下，女子在美貌上也一样。在我们所遇见的一些人当中，要显露自己真正无假的智力低下，并不是一件容易的事！

试想想，一个美貌中等的女子会怎么亲切而热心地欢迎一个奇丑无比的友伴？对于男子来说，身体上的优越并不觉得有那么重要，但是我敢说你喜欢矮小的人坐在身旁，不要坐在一旁的人比你英伟。这就是为什么，在男人之中的愚昧无知者，在女人之中的丑婆，总是得人青睐，广受欢迎。我们可能会说，这些人的性情非常温良，因为大家都要找借口照顾他们——这种借口会让自己和别人瞎眼，看不出为什么喜欢他们的理由。这也是为什么心理上的优越，不管是什么种类，总会使得感到优越的人孤立：人们纯粹出于憎恨而离开他，以各种方式说他的坏话，证明自己的行为合理。[①] 在女子之中，“貌美”指向类似的效应。绝色女子没有女性知己，即使要找另一女子做伴都有困难。有姿色的女子要避免申请做陪伴的职务，因为她一进入约见的房间，那盼望雇人的女主人就会为她的美色不悦，觉得她是蠢物，为了自己和女儿而把她打发掉。但是，如果有地位的女子就不同，因为个人的气质完全由“相比”而得出，而地位是由“反映”的过程产生的，

---

① 如果你想在这个世界能有些成就，朋友和志同道合之士该是通往幸运的最好护照。拥有才能使人骄傲，这就往往会冒犯缺乏才能的人，因此，跟那些人来往，具有大才大能就需要仔细隐藏起来。知道自己智力欠缺，效果则相反，一方面在性格上合于谦虚、平易，人家愿意相交，另一方面又能尊重卑鄙和可耻之辈。这说明为什么才智低下者能有许多人跟他来往并鼓励他。

这些话不仅适用于政治生涯，而且合乎一切跟荣誉和权位有关的竞争，甚至包括科学、文学和艺术界的名声。例如，在各种学术社团中，“平庸”无往不利，总是出人头地；“优点”则大家迟迟才愿承认，或是根本不予理会。在各方面都是如此。

很像人的特别脸色，是靠他周围的主要色调而定。

35

我们信任别人，在很大程度上，是出于我们本身的纯然懒惰、自私和虚荣心：我说懒惰，因为我们不去打听原委，不积极谨慎行事，而宁愿信任他人；自私，因为受到事情的压力，我们就找人倾谈心中块垒；还有虚荣心，因为要求他人保密的，正是自己感到骄傲的事。尽管如此，我们期望别人忠实于我们所加诸他们的信赖。

如果别人不信赖我们，我们不应该发怒，因为那是说，他们诚心地赞美“忠实”，认为它少之又少——其稀少会让我们怀疑，“忠实”的存在只是虚想的。

36

“礼貌”——华人认为是一种基本美德——是基于两项原则性的考虑。其中一项考虑，我已在拙著《伦理的基础》（第 14 节）中阐明。[①] 另一项考虑是这样的：“礼”是大家私下同意，人们不管是道德或是智力上的严重缺陷，都需要彼此容忍，不作为谴责的题目。这些缺陷由于“礼貌”而变得不那么明显，其结果对双方都有利。

有礼貌是明智的，换言之，粗鲁是愚笨的。用不必要的任性的不文明做法制造敌人，这类行径之疯狂，就像在自己家中放一把大火一样。礼貌只是筹码——大家公认的假钱，吝于支出是蠢笨；明达的人大把大把地使用。西方每个国家在信函的结尾用这

---

① 英译者注：在所提及的这段话之中，叔本华解释道，人性的自我中心令人厌恶，必须具有机智以隐藏其丑陋，礼貌就是人们在生活琐事中为了掩饰人性的自我中心所做出约定的有系统的努力。礼貌与对待邻人的真爱之间的关系，可以用法律事件中的公正，跟心目中认定的确实的“正直”所指的公正相比。

样的词句：你的最听话的仆人（德国人是唯一未用“仆人”的，因为显然不符事实）。但是，讲礼貌到了损害自己利益的程度，倒是好像在可以使用代币的地方，你给的是金币。

在自然状态中，蜡是坚硬而易损的物质，稍微加热，蜡就会变软，可以被塑造成你喜爱的样子。同样的，你只要亲切有礼，就能使得人们随和讲理，虽然他们一般都是执拗而凶暴的。这么说，礼貌之对于人，就像热度跟蜡的关系一样。

当然，讲礼貌不是容易的事。因为礼貌要求我们对每个人都尊敬，而大多数人根本不值得尊敬；又，礼貌讲究对人要摆出亲切关心，而我们心中却很高兴不跟某些人再有往来。把自尊跟礼貌结合，是智慧的杰作。

在一方面，如果我们对自己的价值和尊严，没有做出过分的估计，也就是说，我们不是对自己过于自豪；在另一方面，如果我们对于每人在心中对他人所持的看法有任何了解，我们对于侮辱——狭义地说，就是我们未获得尊敬的对待，就不至于动辄生气。要是大部分人厌恶任何涉及谴责自己的轻微暗示，那么你可以想象得到，万一他们无意中听到相识者所数落他们的话，他们的情绪将是怎样。你该明白，一般的礼貌只是一副带笑的面具。如果面具移动了一些位置，或是短暂地给揭了下来，你大声叫喊是没有用的。人在粗鲁之时，好像是他脱去所有衣服，赤裸裸地站在你的面前。像大多数人在这种情况下，他的模样不会是多么好看的。

37

对于什么该做，什么不该做，我们不能够拿任何人做榜样，因为没有两个实例的处境和情况是一样的，个性的不同，也让我们的所作所为带有特殊和个别的意味。因此，两个人做同一件事，结果可能不同。[①] 人一旦仔细考虑过要做什么，他就该按照他的个性去做。

这样做事的结果就是，“独创”在实际的事件中是无法免除的，否则，我们的所作所为，就不符合我们的本性。

38

决不可辩驳任何人的见解。因为他相信的所有荒唐事物，你就是高寿如彭祖，也不可能一件件纠正他。

人们言谈中有错误，你也须避免改正，不管你的动机如何纯正，因为这很容易得罪人；而改变他人，纵然有其可能，也是极为困难的。

如果你无意中听到他人的荒谬言谈而感到恼怒，你应该想象自己听到喜剧中的两个小丑在对话，这样能使你免于恼怒且屡试不爽。[②]

人来到这个世界，如果认定在最为重要的事理方面可以教导这个世界，他要是能保住老命，就该感谢幸运之星了。

39

如果想要你的看法被人接受，用冷静不带感情的口吻说出来。一切激情都根源于我们的“心意”，因此，如果你的看法是用激烈情绪说出来的，人们会认为是出于“心意”的努力，不是“知”的产物。“知”在性质上是冷峻无情的。由于心意是人性的首要的和根本的成分，“知”只是附带发生的其次之物，人们多半会认为，你那么激烈表达的意见，是源于你的心意被激动，而不相信心意之所以激动，只是出于你的意见的强烈性质。

---

① 原文英译为：Two persons may do the same thing with a different result.

② 原文英译为：It is tested and proved.

40

尽管有时你有理由赞扬自己，但千万别受诱惑这么做。“虚荣”很是普遍，“优质”却不多见，要是有人赞扬自己，虽然相当含蓄，人们会以一对一百打赌，认定那人是出于虚荣那么讲话，他糊涂，看不出自己在献丑。

尽管如此，培根的这句话不无道理：扔出去的泥巴够多了，总有一些会粘上去，这对于诬蔑他人和赞扬自己都一样。他的结论是，小剂的赞扬自己是值得做的。（比较培根著《科学论》第8卷第2章）

41

要是有理由怀疑某人在说谎，你得看起来你相信他说的每一个字。这就会鼓励他继续说下去，他的说辞会变得更为激烈，到最后自露马脚。

还有，你若是看出某人企图向你隐瞒什么，但并不太成功，要装作你不信他。你这种反对态度，会刺激他透露真情，把实话说出，以应对你的怀疑。

42

我们应该把一切私事当作秘密，在这些事情上，尽管你跟你的相识者意气相投，你要把他们当作完全陌生的人，除了他们自己能看出的事情之外，什么都不要告诉他们。因为在一段日子之后，情况有所改变，你可能会发现，即使是他们所知道最无关紧要的事情，也是对你不利的。

一般来说，与说话相比，以沉默显出你的智慧，是更为可取的，因为不说话是谨慎，说话总带一些虚荣的意味。表现这两种品质的机会差不多是一样的，但是，说话所给予之短暂的快感，常常受到欢迎，舍弃用沉默可获取之长远的好处。

朝气蓬勃的人，在无人聆听之时高声说话，认为这样最能抒发胸臆，最好是不要这么做，以免养成习惯。因为在这种方式中，思想慢慢会跟说话打成一片，说话可能成为自言自语的一种过程。谨慎要求我们在所想和所言之间，画出一道鸿沟。

我们有时这么想，人们根本不会接受有关我们个人的某些话，可他们从未曾想到要怀疑该话的真实性；但如果给了他们一丝丝怀疑的机会，他们就会发现绝对不可能再相信它了。我们时常透露什么事，从而暴露自己，只是因为我们猜想人家一定注意到——正如同人会从高空跌落，因为他已头晕，换句话说，因为他觉得他已经再也站不稳当；他所处的位置给他的痛苦很大，他认为不如立刻把生命了结，这种不正常称为惧高症①。

我们不该忘记，人们在对于无关自己的事情上显得非常聪明，虽然他们在其他事情上并不显得怎么灵敏。人们擅长这类的代数：给他们一个已知数做根据，他们能解答最复杂的问题。因此，如果你诉说很久以前发生的一件事，没有提任何人的名字，或是指出你谈到的人是谁，你必须非常小心，任何可能指向实情的东西，无论它是多么间接，包括某一地点、日期，或是只是稍有牵连的某人的名字，或是甚至跟事件关系疏远的某情况，都一定不要在叙述中引入。因为那么做立刻给人们某一肯定的事物作为起点，加上他们得到对这类代数的天分的帮助，便能发现其余的一切。他们在这些事上的好奇心，变为一种狂热：他们的心意激励智力，驱使它往前，达致最难找到的结果。尽管人们对于一般及永恒真理毫无兴趣，就某些细枝末节来说，他们可热心无比了。

继续我上面的话，在处世智慧上公开发表意见的人，都特别

① 德文是 Schwindel，或译为 vertigo（眩晕症）。

敦请人们慎言，并条陈诸多必须奉行的理由，所以无须我再加任何补充。但是，我或许可以加添一两句少为人知的、我觉得特别合适的阿拉伯谚语：

不能告诉敌人的任何话，也不能告诉你的朋友。

如果我守住“秘密”，这秘密就在我的看管之中；要是它不胫而走，我倒被判刑了。

沉默之树结出和平的果实。

43

钱财被骗，得益良多，因为我们一下子就买得“谨慎”。

44

可能的话，不对任何人怀有恶意。但须仔细观察和记住其人的行为举止，这样才能够估计他的价值（至少对你自己而言），从而表现出对他的态度；千万别忽视，人的性格是不能改变的，忘记人家的坏德性，好像是扔掉辛苦赚来的钱。做到这些，你能保护自己，幸免于不明智的亲密以及乱交朋友的恶果。

“不轻易爱人，也不轻易恨人”是处世智慧的一半；“不轻易说话，也不轻易听信人家的话”，是另一半。说真的，这个世界要我们遵守上述的和后面的一些条规，我们大可以以背相向。

45

对人生气地说话，从你的言行显出憎恨，是不必要的行为——危险、愚蠢、可笑、凡俗。

在所作所为之中，不要现出愤怒或憎恨。强烈的情绪在行为中最能有效地表达，只要你避免用其他方式显露。只有冷血动物的咬噬是有毒的。

46

“说话无须强调”，是明于处世之道者的老条文。这就是说，你应该让其他人发现你说过什么话，要是他们迟钝，你还来得及逃避。另一方面，“说话加强要点”是想激起对方的情感，其结果总与所期望的相反。如果你的样子有礼貌，口气彬彬有礼，你就是不折不扣地污蔑许多人，至少还不会马上得罪他们。

四、如何对待世道和命运

47

不管人的命运呈现出多么不同的形式，有一些相同的成分总是在那里的。因此，人的一生，不管是在农舍或是在皇宫、在军营或是在修道院度过，大致是一样的。请把环境任意改变吧！任你挑选奇遇，成功或失败也行！人生就像一家糖果店，货物应有尽有，形形色色——全都是用同样的糖浆做出来的。人们谈到某人的成功，认为他跟一个失败者的命运看来没有多大不同。世界上的不平等像万花筒的组合一般，每转一下，一幅新景象呈现眼前；但实际上我们所看到的，还只是以前看过的同样东西。

48

古代的一位作家说得好，世界上只有三大力量：精明、实力、命运。我认为最后一项最有威势。

我们的一生像一艘船的航行，命运——包括好运与坏运[①]——担任风的角色，它能把船往前推送，或是驱赶船远离航道。我们所能做的非常有限，像舵一样，我们如果努力地不断地操作它，

① 原文英译为：favourable or adverse fortune.

可能对船的航行有所帮助，而一阵狂风，就让这一切前功尽弃。但如果是顺风，船能够继续前行，无须掌舵。命运的力量，用西班牙的一句谚语表达得最好：祝福儿子好运，然后把他扔进海中。

不仅如此，“机运”可以说是一门恶势力，我们应该尽量让它少发生作用。你看，那里有这么一位施与者，他在分发礼物之时，说得明明白白，我们得到礼物不是由于我们有什么勋绩和功德，而完全是出于他的善意和慈恩，与此同时又让我们可以喜滋滋地盼望再从他手中敬谨地领受厚赠。他懂得怎样训示收受者的至上技巧：一切的勋绩和功德在他的大恩大德之前都失去力量、没有用处。这位施与者除了是“机运”，还会有谁？

当我们回顾一生的道路，审视那“到处令人错失的迷津”[①]之时，我们一定看到在许多关键之处时运不济，不免会过分自责。我们一生的过程，绝不会完全是自己造成的，它是两个因素的产物——一系列所发生的事情，以及我们对每一事情所做出的决定，这两者又经常交互反应和彼此调节。除了这两者之外，另一影响也在我们有限的视野中发生作用，这也许是由于我们对所采取的计划看得不够远，也许是我们对未来事件尚未具备充分能力加以预测，我们所知道的严格地限于当前的计划和当前的事件。所以，一旦我们偏离目标，我们无法对准它驶去，能够大体正确就该满足了。在朝向我们所认定要去的方向之中，我们时常需要曲折前进。我们所能做的，只是不时在所处的环境中做出若干决定，希望这样能向最后目标迈进一步。经常的情况是，我们所立足的地方，跟我们朝向的目的地，好似由不同力量、往相异方向运作的两个趋势。我们一生的行程，可用它们合成的对角线来代表。

① 出自歌德《浮士德》第一部分。

泰伦提乌斯（Terentius）有言，“人生好比一局骰子戏，如果所出现的点数不是你所要的，你还是能动脑筋同样善用它”。泰伦提乌斯在这里所想到的必定是类似“十五子棋”的一种游戏。更简要一些，我们可以说人生好像是一场牌戏，洗牌和发牌是由命运决定的。就目前的讨论而言，最适当的比喻似乎是下象棋，我们决定一盘棋要怎么走的计划，将受到对手要怎么下的牵制——在人生中，则受制于命运的变幻无常。我们被迫修正策略，在实施时往往要做重大的更改，以致原来计划的特点几乎没有一项可以看出了。

在这所有一切之外，还有一种影响对我们的一生发生明显作用。这只是一句老生常谈而总是那么真实的话：我们时常比自己所感觉的要愚蠢得多。在另一方面，我们的聪明才智，常常超过自己所想象的程度。但是，只有亲身那么感受过的人，才会得出这一发现，而且要经过很长时间以后才能体会到。我们的大脑不是人体最聪明的器官。在人生的重要关头，当我们决定重要的步骤之时，我们的行为不是受到明确地知道要做什么的知识的指导，而是出于一种来自最内心的、几乎可以叫作直觉的冲动。如果到后来，我们以一成不变的无情的正确理念，那些死硬地记下或是可能借自他人的无济于事的抽象观念，或者我们开始用一般规则，还有那些曾经指导他人的原则，而未充分考虑“适于彼者未必适于己”的箴言，就那么来批评自己的行为，那么，我们非常可能对不起自己。在最后，谁对谁错自会明白。只有万幸活到高龄的人，才有能力对自己和他人的行为做出公正的判断。

这一冲动或直觉，可能是我们醒后就忘记的一种“预兆之梦”所起的潜移默化的作用，它给予我们生命某种均衡性和神奇的一致性，这是我们清醒时所不能获有的，在知觉状态中的我们容易犹豫不决、心境不定、话多而有错乱。就是由于这种预兆之梦，人们觉得自己会在某一特别领域将有大成，从青年时开始，在内心有一神秘的感觉，这就是他们的正途，对着那方向努力，如同相似的直觉引导一只蜜蜂建造蜂巢一般。这一冲动，葛拉西安称之为“深明义理的大才能”[①]：我们的直觉认定它能拯救我们，没有它，我们就无所适从。

按照抽象的原则行事是困难的，需要多多练习，才有可能偶然成功几次；原则不能适合我们特殊的情况，是经常发生的。但是，我们每个人都有某些内在的“具体原则”，它就好像是我们静脉中流动的血液的一部分，事实上，它是我们全部思想、感情和意愿的总和或结果。对于这些内在原则的抽象形式，我们通常一无所知，只有当我们回顾一生所采取的途径，我们才知道我们一直受它们的引导，它们就好像一条看不见的线索，我们曾经不自觉地一直在跟从它。

49

时间造成巨大的变化，就其本质而言，所有的事物都是稍纵即逝的——这些可信的话应该永远记住。因此，不管你的情况如何，要对自己做出相反的设想：在顺境中，想到不幸；在情投意合时，想到敌对；在天气晴和时，想到阴云密布；在热爱中，想到恨；在信任的时刻，想象他人的不义，懊悔自己那么相信人家；同样的，自己在逆境中，要保持欣喜时光所有的轻快感——这真是人世智慧的不竭资源！那么，我们应该多反思，才不会那么容易受骗；因为，一般来说，我们应该预想到年岁带来的变化。

从个人经验所领悟出，世上一切的人和事物都是变动的，这

---

① 原文英译为：the great power of moral discernment.

也许是我们最不能缺少的知识。各事各物在其地其时都是必然的产物，所以能够具有充分合理性，这一事实使得每年每月甚至每天的景况，都似乎有权利永远持续。但是我们知道，这是永远不可能的，在一切都倏忽即逝的这个世界上，只有“变”是持久不息的。明智的人不仅不会被表面的稳定所欺骗，而且能预测变动所发生的路线。①

但是，人们一般总是觉得目前的处境会持久，事情会像过去一样在未来继续。他们的错误，出于他们不了解所见事物的缘由。其缘由跟它们所造成的后果不同，缘由即是本身含有将来发生变化的胚芽。人们知道的只是后果，他们信守那些后果是基于一个假定：这类未为人了解的缘由既然足以导致后果，也就能够维持那些后果的现状。这是一个很普遍的错误，但这一普遍的事实不无其好处，因为这就是说人们总会一起犯错；由于这种错误所引起的祸害影响到大家，所以容易忍受；要是一个思想家有错，他是独自犯错的，所以是加倍的不利。让我附带说明一下，我在《作为意志和表象的世界》（第 1 卷第 15 节）中写下一个原则：“错误离不开推理错误，那就是，把一个已知的后果归因于并非引起该后果的某事物。”这里的讨论正好对上面的原则做出一次确认。

然而，当我说到我们应该推想时间的后果，我的意思是在心中预测这些后果将会是如何，我并不是说我们实际上应该加以预防，要求立刻做到所应允的事，而事实上非有一段时间不可。提

① “机运”在人的事务上扮演重要的角色，如果我们以现时的牺牲去排除某一遥远的危害，这类危害时常在事件的新阶段或者在未曾想到的发展中消失；不但这些牺牲完全浪费，而且由牺牲所带来的变化，因为情况已经发生变动，现在倒成为积极的不利因素。是以在采取预防措施之时，不能往前看得太远，而要照顾到机运，时常要跟危险做勇敢的对抗，希望它像乌黑的雷云一样，飘然消逝，有惊无险。

这种要求的人会发现，“时间”是最厉害的高利贷剥削者，你如果要时间预先支付钱，你得付出最昂贵的利率。例如，如果施以未熟化的石灰和人工热气，一棵树可能在几天之内长叶、开花和结果，但之后那棵树就会枯萎死去。同样，年轻人可以滥用他的体力——就说几个星期而已——在十九岁做出三十岁时很容易做得到的事，时间可以给他那笔他要求的款项；但是他必须付出的利息，必得出自他往后岁月中的精力，甚至得用他的一部分生命支付。

有些疾病是可以完全康复的，但必须让病痛自然痊愈，这样的痊愈之后疾病会消失，不留痕迹。如果病人性子急，仍在病中的时候就坚持已经完全康复，在这种情形下，“时间”同样肯借贷，病痛也会好，但一辈子要付出的利息是体弱和慢性病。

还有，在战时或是在大动荡年代，我们可能马上需要现款，往往就必须以正常价格的三分之一或更少卖出房地产或政府公债，若是我们肯等待，市场经过一定时间总会恢复正常的；但是我们强迫时间贷款，所遭受的损失就是所付出的利息。又或是有人想作长途旅行需要钱，本来过一两年可以从收入中存下足够的一笔钱，但是他不能等，因此他去借钱，或者取出一部分本钱。换言之，他要时间预先借钱给他，但他付出的利息是账目混乱，亏空增加，损失永远无法弥补。

时间用高利贷剥削我们，不能等待的人是它的牺牲品。试图改变时间的步伐，是最浪费的做法。这么说，我们须谨防不欠时间的债。

50

在日常生活中，我们享有很多机会，认出一般人跟谨慎人士之间在性格上的差异。在估计从事一件工作所涉及的可能的危险之时，一般人把探听的范围局限于这类事情过去已经发生的风险，但谨慎之人会往前看，考虑每一桩在未来可能发生的事，做到像西班牙人的一句箴言所说的那样：有些事一年都不会发生，但可能在两分钟之内发生。

各人所作所为的不同当然是很自然的，因为要考虑各种可能性需要一些辨别力，而查看已经发生的事，只要神志清醒就行。

不要忽略向凶神献出牺牲。我的意思是，如果能够杜绝“不幸”的侵扰，对于花费一些时间、心力和金钱，放弃舒适，或是缩小目标、克制自己，我们不可犹豫。最可怕的不幸也就是最遥远最不可能发生的。参与保险是公众对“忧虑”的祭坛所献出的供品，保险行规最能说明我所提出的这条规则。现在就去取得保险单吧！

51

不管命运如何降临在我们身上，不可太高兴，也不可过分悲伤。部分是由于一切事物都充满变化，我们的运气随时都会变动；部分是因为我们在判定事情对自己是好是坏之时，我们易于受到欺骗。

几乎每个人在一生中都有这样的经验：我们为之悲伤的一些事，以后证明为所发生过的最好的事；或是我们为之欢欣不已的事，竟然成为最大痛苦的来源。为了对付这种情形，我在这里所建议的应该采取的心理态度，莎士比亚曾经巧妙地说过：

> 我觉得喜事和悲事都有许多花招，
> 所以它们猛然间初现的面貌，
> 未能使我惶悚而不知所措。
>
> （《皆大欢喜》，第3幕第2景）

一般而言，面对种种不幸而保持平静的人，就显示他了解人生的路程上有许多可怕的事会发生，他把当前的困难看作只是可能到临的一部分。这是坚忍主义者的气质——永远不忘记人间的真实情况[①]；而且总要记住，我们的生存充满痛苦，我们可能遭遇的不幸是无数的。不管是在何处，我们只要四周一望，就能重新感到人类的苦难，眼前看到的尽是人类在挣扎、踉跄受苦——都不过是为了可怜的生存，没有生趣，没有回报！

如果记住这一点，我们对人生不会有太多希求，我们认定世界的一切都是相对的，没有完美的境地，我们只是学习如何适应这个世界——永远要正视不幸，如果不能躲开它，就勇敢地面对它。

不要忘记，无论是大的还是小的，“不幸”是构成我们生存的元素。但是，我们不能拿它作为理由而沉湎于令人烦恼的埋怨之中，像作家贝瑞斯福（James Beresford）[②]那样，拉着长长的脸对待“人生的苦难”，终日如是，更不能每次跳蚤一咬就喊上帝[③]。我们的目标是仔细观察我们的周遭，对抗不幸而且把它击退，在避免人生不如意这方面——无论是来自我们的族类，还是来自物质世界——务求达到炉火纯青的境界，要像一只狡猾的狐狸，我们才可能从大大小小的祸患身边溜开。要记住，“祸患”通常都是我们自己“短拙”的另一形象。

如果我们认定不幸有可能到临，像俗话所说“对不幸有所准

① 原文英译为：Never forget the condition of man.

② 英译者注：詹姆斯·贝瑞斯福（1764—1840），作家，《人生的苦难》为其主要著作，全名是“人生的苦难：挺易怒（Timothy Testy）和赛敏感（Samuel Sensitive）两先生的最后怨言，还有易怒夫人的几声帮腔式的叹气”。

③ 原文英译为：To invoke the Deity for every flea-bite.

备”，它在降临我们身上时便不觉得有那么严重，其主要理由可能是这样：在不幸到临以前，要是我们已经静静地想到过它是否会发生，我们会知道它的全部程度和范围，至少我们能决定它将如何影响到我们。所以如果它真的来到，便不会使我们过度难受，因为我们所感受到的不会超过其实际的分量。如果没有准备，心态一时陷入惊慌，我们无法看出祸害的全部涵盖面，它看起来影响太大，受害者会以为是漫无止境，无论如何，准会把事态夸大。同样的，黑暗和情况不明总是增加危险感。当然，如果我们想到过不幸的可能性，我们也会同时考虑到何处可找到帮助和安慰，至少，我们已经习惯了“不幸”这个念头。

“世上所发生的每一件事——从最小的一直到最大的生存事实——都是有其需要而发生的。”要是确实了解这句话，我们就能全副武装、冷静地忍受人世间的不幸。这句不易之言，是我在得奖的论文《论意志的自由》中切实提出的（见该著第三部分，在结尾处）。这样，人们不久就能让自己适应不可避免的事——那些有其需要而发生的事；人们要是了解所发生之事都是有其需要的，他们就会发现事态就是这么无可改变。哪怕是世界上最古怪的机遇，也是有其需要的产物，正如同按照熟悉的定理，合于我们期望所出现的一些现象。“所有事物都是无可避免、都是有其需要的产品”，这一了解给我们所带来的舒畅效果，我已经在另一著作（见《作为意志和表象的世界》，第1卷第55节）中说过，且让我在这里再提一提。

有了这种了解，人们就会尽其所能，甘于忍受必须忍受的事。

生活中经常发生的不如意的小事，我们可以看作是用来磨炼我们，让我们能承受更大的不幸，也不会因为我们事业顺利而丧尽生存能力。人与人之间的一些小小分歧、无关紧要的争论，别人的不当行为、流言蜚语，还有生活中许多别的相似的烦厌，对付每天的这些小麻烦，人们应该像是全身武装的齐格菲。我们不应该为那些小事感慨，更别说记在心中为之烦恼，而是跟它们保持距离，把它们看作路上的石头，推开它们不让其挡路，千万不要想它们，不容它们在反思中占一席之地。

52

人们一般称为“命运”者，就大体而言，只不过是他们自己的愚蠢行为而已。荷马在《伊利亚特》（第 23 节第 313 行起）中有一段很是精彩，描写了前面这一句话的真义。诗人还特别推荐“慎思”，他的劝告是值得我们充分注意的。“邪恶”要在另一个世界才需要赎罪，“愚蠢”在今生就得到报复——纵然不时有犯错人获得慈恩。

让我们感到恐惧并且预告危险在即的是“诡诈”，不是凶暴或粗鲁。作为武器，人脑比狮子的利爪要可怕得多。

世界上最完美的人应该是从不犹豫、从不慌忙的人。

53

作为促进快乐不可缺少的气质，仅次于精明谨慎的是“勇气”。当然，我们无法让自己具有这些，因为我们主要从母亲承获前者，从父亲继得后者。然而，对于既已存在的这些气质，我们却能靠决心和锻炼得到助益。

在这个“用假骰子玩游戏”的世界，我们必须有钢铁的性格，具有经得起命运打击的甲胄，以及足以跟他人抗衡的武器。人生是一场长久的战事，每往前一步都得拼命。伏尔泰说得对，“我们要能成功，只有靠剑刃，我们死的时候利剑还在手上”。暴风雨刚开始加剧，甚或只是乌云在地平线初起就立刻退缩或心灰意懒不知所措的人，就是懦夫。我们的座右铭应该是：

不向妖魔退让，而是更大胆地面对它。

（维吉尔《埃涅伊得》VI.95）

任何危殆只要还留有怀疑余地，只要仍有可能加以挽救，我们就不该战栗，就只作抵抗不抱其他想法——正如对待天气一样，只要见到一丝蓝天，就不该对天气失望。的确，我们应该这么说：

即使全世界坍塌成为废墟，
我们仍要保持泰然心情。

（霍勒斯《颂诗》III.3）

我们的整个生命——别说它的福分——都不值得我们那么怯懦得胆战心惊：

所以，且让我们英勇地面对人生，
对命运的每次打击都勇敢相向。[①]

（霍勒斯《讽》II.2）

问题是，我们可能过分勇敢而沦为鲁莽。我们甚至可以说，如果要在世上生存，若干恐惧感是需要的，“怯懦”不过是恐惧感的夸大形式而已。培根在处理“Terror panicus”这个短语的来源时，对前面的话的正确性有很好的说明，比之普鲁塔克（见《伊西丝与奥西里斯》第 14 章）为我们所保留下来的古代解释要高

① 原文为：Quocirca vivite fortes, Fortiaque adversis opponite pectora rebus.

明许多。培根把这个短语跟自然的化身Pan（牧神）结合起来，并且指出："身为生命的维护者，为了躲避和击退危害诸多生命的祸难，大自然让所有的生物都充满畏惧和恐怖。但是，这一天性不会运用中庸之道，而总是把合理的恐惧跟徒然和无稽的担心混合在一起，以致所有生物，尤其是人类，无不内心充满'惊慌恐怖'。"（见其著*De sapientia veterum*第六章）此外，惊慌恐怖的主要特点，是对于任何与惊慌恐怖伴生的危险，并没有清晰和确定的观念。人们只是假定而不是知道有危险存在，有需要的时候，我们敦请"恐惧"作为我们恐惧的理由。

第六章

谈人生的不同阶段

Almost everyone's character seems to be specially suited to some one period of life, so that on reaching it the man is at his best. Some people are charming so long as they are young, and afterwards there is nothing attractive about them; others are vigorous and active in manhood, and then lose all the value they possess as they advance in years; many appear to best advantage in old age……

几乎每一个人的性格都似乎特别适合人生的某一阶段，他到达这一阶段就是登峰造极。有些人年轻时非常可爱，在那以后，毫无出色之处；有人在盛年时活跃有劲，年纪渐增就失去所有价值；许多人在年老时最占优势……

54[①]

伏尔泰说过一句精辟的话：

> 人生各年龄阶段各有不同情况，
> 未能随机适应将经历所有不幸。[②]

因此，如果我们看看人生的不同阶段在我们身上所造成的变化，作为我们探讨幸福之性质的结尾，将会是适当的。

在我们的一生中，我们能实际拥有的就是“现在”，也仅仅限于现在。唯一不同的是，在人生开始之际，我们期望有一个长长的未来，在一生快要结束的时候，我们就会回顾一个长长的过去。还有就是，我们的脾气（并非性格），已有若干明显的改变，这就让“现在”在人生的不同阶段，显出不同的色彩。

在我的主要著作（《作为意志和表象的世界》第 2 卷第 31 章）中我已经说明，在孩提时代，我们比较愿意使用“智力”，少用“唯尔（意志、心意或者心性）”，其道理我也加以解释过。因此，人生的最前面四分之一最为快乐，在以后的岁月中回顾时，童年似乎就是一种“失去的乐园”。在童年，我们跟他人的关系是有限的，我们的欲望很少，总之，对“唯尔”的刺激不多，因此，我们主要的关切是知识的扩大。人的大脑在七岁时已经几乎完全成长，智力也是发育较早的，尽管还需要时间成熟；智力在探测周遭的整个世界，不断地寻求滋养。在孩提时代，生存的本身就

① 译者注：本章的原文并未就内容依次再作任何划分，但因 Saunders 英译本已用“空行”实际上这么做了，用心良苦，译者觉得中文目前排版方式不易依样做，决定仿效原著第五章的做法，干脆用数字标出其节次。

② 原文为：Qui n'a pas l'esprit de son âge, De son âge a tout le malheur.

是清新的喜悦，所有的事物都闪烁着新奇的魅力。

这可以说明，为什么童年的岁月像一首长诗。像所有的艺术一样，诗歌的作用是领悟柏拉图式的理念；换言之，以适当方式理解一个特殊对象，感受其基本性质。所谓基本性质就是这个对象与它同类的所有其他对象所共有的特征，一个单独对象宛如一个类别的代表，一次经验的效果可以等同一千次。

也许人们认为，除了不时出现在孩子面前的个别事物以外，他不会关注其他东西，而且只限于在当时能让他的“唯尔（心意）”感兴趣或是能刺激他的心意的东西，所以我的话不符合事实，但真实情况并非如此。在早年，生命（按这个词的充分意义而言）是如此的新鲜，感觉未被重复使用而如此锐利，孩子在生活中并未意识到自己要做什么，总是在静默中掌握生命的本质——经由个别的情景和经验获致其基本的性质和一般的轮廓。用斯宾诺莎的话来说就是，孩子从永恒的角度，在学习观察周遭的事和人。

这样，我们愈年轻，每一个别事物愈是代表其隶属的整体；而年事增长，这情况就愈来愈减少。这就是为什么年轻时的印象，跟年老所得的印象那么不同。这也是为什么在孩童和青年时代所获得的一些知识与经验，成为我们日后所得全部知识的永久性的大标题——那些早年的知识形式，似乎在演变成类目，以后经历的后果就在那些类目下进行归类，虽然我们心中并不总是明晰地具有这些认识。

我们生命中最早的岁月，就这样奠定了我们的世界观，不管是肤浅还是深刻；虽然这一观念在日后可能扩大并使之完整，但实质上不会有改变。这种纯然客观故而充满诗意的世界观构成孩童时代的根本，并且因为意愿的活力尚未发达而能持续。受到这种世界观的影响，我们在孩童时代对于吸取纯粹知识的关切，远远超过如何运用意志力。因此，我们在许多孩子脸上可看到那种严肃而沉静的表情。在描绘小天使，尤其是在“西斯廷圣母像”中的小天使时，拉斐尔运用这一表情，最是得心应手。孩童时代的岁月，就这样充满幸福，回忆那些日子总是不能免于向往和缅怀的。

我们就这样热心致力于认识事物的外观，以原始的方式了解我们周遭的事物；在另一方面，教育却把“概念”灌输给我们。但是，概念对于事物之真实的和基本的性质，不能给以信息，而这些了解是所有知识的基础和真正内涵，只能经由“直观”的途径才能达到。这一类的知识绝不可能从外界注入我们之中，我们必须靠自己为自己而获致。

所以，一个人的智能和道德品质都从他自己天性的深处发展而来，而非外来影响的结果；教育计划——不管是裴斯泰洛齐（Pestalozzi），或是别的教育家的——都不能把天生的笨蛋转变为明白事理的人。这种事情是不可能的！生下来是笨蛋，到死还是笨蛋。

这种早年对外在世界的直观知识既有深度也很强烈，足以解释为什么童年时期的经验，会在我们记忆中留下深刻的印象。我们年轻的时候，完全浸润于我们周围的环境中，没有其他东西把我们的注意力拉开。我们把四周的事物看作该类别中仅有的，好像其他东西都不存在似的。等到后来我们发现整个世界万物竞秀，这一初始的心境渐次消失，跟着消失的是我们的勇气和耐心。

我在我的主要著作（《作为意志和表象的世界》第2卷第30章）中说过，把这个世界作为客体加以考虑——换言之，当世界客观地呈现在我们面前时，一般看来有其可爱的一面；但在这个世界之中，如果把世界当作主体——即涉及它的内在性质，也就是“唯尔（意志或者心性）”——痛苦和困难就主宰一切。这种情况简单地说就是：这世界看来是辉煌的，实际却是可怕的。

因此，我们发现，在童年的岁月中，我们对于世界的外表，也就是心性的表象，知道得比较多，而对于世界内在的性质，也就是心性的本身，所了解得很有限。由于客观的一面讨人喜欢，而内在的或是主观的一面却是那么可怕，年轻人对它还陌生，于是在他智力发展的过程中，他认为他在自然和艺术中所见到的一切美丽形式、众生和万物都是那么幸福地存在着；它们从肉眼看来是美丽非凡的，于是他想，内在的一面必然是更为漂亮。在他面前展现的世界宛如另一个伊甸园，这是一片人间乐土，我们都是在这里出生的。

稍后，这种心境引导我们渴求真实人生，一种去干去吃苦的冲动驱使我们到喧嚣的世界去瞎闯。在这个世界中，我们领略到事物或存在的另一面，也就是意愿的一面，我们每有所求，都会事与愿违。然后，是大幻灭（觉醒）逐渐地来到，但是，它一露面，人们就会说：（我）幻想的年代已经度过了[①]。然而，全部过程才告开始，它的势力范围还在伸展，而且愈来愈遍及整个人生。所以，我们可以说，在童年，生命像是从远处看去的戏院里的布景；在老年，布景依然，这时我们已走到非常临近布景的地方。

最后，我们还要谈一种对孩童的幸福有助益的情况。春天开始，树上的嫩叶子颜色相似，形状也差不多一样；在人生的最先几年，我们都彼此相似，大家和衷共济。但是青春期到来，相异就开始了，像一个圆周的半径范围，范围愈扩大，分离也愈大。

我们生存的前一半所占有的优势，比后一半多得多，青年时

---

① 原文英译为：The age of illusion is past.

期是前一半的剩余部分，因为相信“幸福”在人生路途之中是一定可以遇到的，要追求幸福，以致弄得繁难和困苦重重，都是这类希望到末了无不破灭，导致满腔怨恨。在梦想中诞生、由空想构形的某种模糊的未来的幸福，其幻影在我们眼前浮动，我们寻求它的实质，却徒劳无功。年轻人不管处境如何，一般都对现实不满，他把失望完全归罪于自己一生初始的情况，因为那些跟他原来的期望很是不同；而究其实，是他现在初次体验出人生到处都是的空虚和苦难。

“世界对人是宽宏大量的”，一个年轻人在早期教养中如果能除去这一观念，对他将有很大的好处。但教育的一般结果是加强这一妄念。我们对人生的初始观念，通常是从小说而非从生活实际中得来的。

55

我们的青春时代宛如明媚的早上，人生的诗歌在我们面前展现壮丽的景色，我们奋不顾身、热切地要看它实现。我们简直是期望能抓住彩虹！青年预期他的事业宛如有趣的浪漫史，这里就隐藏着我一直在叙述的失望的胚芽（见《作为意志和表象的世界》第2卷第30章）。这些景象如此可爱，其原委就在于它们是空想的，并不真实。在观看它们的时候，我们是居于纯知识的领域，这一领域是自足的，没有真实人生中的熙攘和斗争。试图实现这些想象，就是把它们悬为意志的目标，其过程总是涉及痛苦的。对此问题有兴趣的读者，请参阅本段所引拙著的第 2 卷第 37 章。

我们前半生的主要特征，如果是渴望幸福但从未获得满足，我们的后半生就是害怕遭遇不幸。当我们年事渐长，我们都或多或少地了解到，所有的幸福在性质上都是幻梦似的，只有痛苦是真实的。于是，在年长的时候，我们（或是我们之中比较明智的）

转为专心于消除此生的一切痛苦，巩固我们的地位，少去追逐快乐。对了，我可以这么说，在年老时，我们比较有能力阻挡“不幸”的到来；在年轻时，我们比较有能耐逆来顺受。

年轻的时候，我听到门铃响总是高兴的，我这么想，啊！好事来到。到后一阶段，我在这些场合的情绪却是沮丧多于快乐，我这么想：请上天帮助我！我该怎么办？对于世人，任何稍有才能或杰出的人在情绪上都有相似的剧变。就为了这，他们不能说是正儿八经地属于这个世界；根据优越的程度不同，他们或多或少地遗世独立。在青年期，他们感到被世界遗弃；到后来，他们觉得好像已逃离这个世界。前一个感觉是不愉快的，是出于愚昧；后一觉察是愉快的，因为在这个时候，他们已了解世界的真相。

这一分际的后果就是：与前半生相比，后半生就好像一个音乐乐段的后一半，它已经降低热切的渴望，而表现出更多的安谧和宁静。为什么情况是这样？只因为在青年时，我们幻想世上的幸福和欢乐多得很，只是不容易相遇而已；年老时，我们知道事情并非如此，我们对此问题的心态已完全恬静，从而尽力享受当前的时刻，我们甚至会为一些小事高兴不已。

人生阅历为我们带来的主要结果是“视野明晰”。这是我们成熟的特征，也使得这个世界跟我们青少年的时候看来不同。到这个时候，我们才把事情看得平实，按照真正的情况接受各事物；而在早年，我们看到的是用我们心中的遐思迩想、经由承袭而来的偏见以及奇异的妄想拼凑而成的梦幻的世界，我们未看到真实的世界，或者说，我们所见的景象是扭曲的。经验要做的头一件事，就是把我们从大脑的幻想也就是从年轻时所得的错误观念中解放出来。

当然，不让那些错误观念进入我们的脑海，是最佳的教育方式，尽管它的目标是消极的。但是，这一任务充满困难。首先是孩子所见所识要尽可能加以限制，就是在限界中也只能给予清晰和正确的观念，只有在孩子把范围内的事物都有适当的领悟之后，才可以把范围扩大。我们要小心，不许任何东西是含糊的，或是有什么让人一知半解或者误解的。这种训练的结果是，孩子们对人和对事的观念在性质上有限而简单；但在另一方面，他们的观念是清晰而且正确的，以后只要扩展而不是改正。同样的路线要继续维持到青年期。这一教育方法需要特别强调禁止阅读小说，代替小说地位的是适当的传记文学，例如富兰克林的生平，或是莫里茨的《安东·赖泽尔》[①]。

我们在早年的想象是此生中的首要事件，还有，扮演重要角色的人物在登场时都会有号鼓鸣奏；当我们年老回顾之际，发觉他们都是静悄悄地来到，好似从边门溜进来，几乎无人察觉。

到现在为止我们所提出的观点都是，人生可以比喻为一幅刺绣，我们在前半生所见到的是刺绣的正面，后半生所见到的是反面。反面没有正面那么漂亮，但是比较具有教导作用，它说明丝线如何绣在一起。

56

心智上的优越，即使是最高级的，也不可能让谁在谈话中取得崇高的地位，除非他已经年过四十。年纪和经验虽然不能代替才智，却可能胜过才智；年纪和经验能让一个才智最为平庸的人跟极有才分的人相抗衡，只要后者年事尚轻。当然，我在这里所指的是个人本身的优越，不是靠作品或事功已经取得的地位。

---

① 英译者注：莫里茨（Morite,K.P.1757—1793）是18世纪德国作家，其著作《安东·赖泽尔》是小说形式，实际是传记。

年过四十，只要稍有智力的人——上天让六分之五的人的智力极为平庸，超出这些人的智力就是稍有智力——都会显露一些愤世嫉俗。到了这个年纪，我们从检查自己的性格，很自然地就推断出他人的性格，其结果是我们发现，不管是理智的品质，还是感性的品质（通常是包括两者），都未能达到自己的水平，因而逐渐失望。因此，我们很乐意避免再跟他人有任何纠葛。一般而言，每一个人对独处——换言之，遗世独立——或是喜爱，或是憎恨，其程度视各人对自己价值的看法而定。康德在《判断力批判》（见第一部分第 29 节之概言的结束处）中谈论过一些此类的愤世嫉俗。

年轻人对于世事的了解和处世之道如果早熟，也就是说，要是他早年就知道怎么与人相处，好似胸有成竹地踏入社会，无论从理性或是从品德观点来看，都不是良好的现象，它代表市侩的生性。在另一方面，看见人们的举措大惊小怪，与人交往时笨拙而且脾气执拗，则显示出比较高尚的性格。

青年攀登人生的山峦，看不到死亡（死亡在山峦另一边的山脚），可以部分解释，为什么青年时期那么愉快、生趣盎然。一旦我们越过山顶，死亡就出现了——在越过山顶之前，我们只是靠听闻略知死亡的。这就让我们感到气馁，因为与此同时我们开始觉得精力衰退。昔日朝气蓬勃，如今只有严肃认真，这种变化甚至在我们脸上都能看出来。年轻时，不管他人怎么说，我们总把生命看作是无穷尽的，漫不经心地消耗时间；年岁愈大，我们愈为厉行节约。朝向生命的终点，我们每过一天的感觉，就像死囚一步步走向绞架一般。

从青年的立足点言之，我们的生命似乎是朝着无终点的未来延伸；从老年的立足点言之，往回走几步就是过去。在开始之际，人生给我们的景象是，各种东西都出现在老远之处，好像我们用望远镜倒着看它们一样；但在结束之时，每一件事物都在近处。感到人生短暂，我们一定是老了，也就是说，我们已经活了一长段时间。

另一方面，年事增加，每一件东西都看起来小一些。年轻时生命的根基是稳固的，现在简直就似乎是飞快消逝的一些片刻，每一片刻都是空幻的，我们最后认识到，整个世界是虚妄！

年轻时，时间的步子似乎慢得多，所以我们生命的开头的四分之一，不但是最快乐的，也是最长的，它留下比较多的回忆。如果有必要，我们就生平的第一个四分之一能拿来告诉他人的话，可以超过随后的两个阶段的总和。说真的，在一生的春天，正像一年的春季，日子长长的，简直令人烦厌；一到秋天，无论是一年的或一生的，虽然日子比较短，倒是更为温煦而且融洽的。

对于一个老人，为什么他度过的一段生命是那么短暂？理由就在于：他的记忆短暂，因此他想象他的一生也是短暂的。他不再记得生命中不重要的部分，不愉快生活的大部分现在也忘记，唉，所能留下的记忆太少了！一般说来，我们的智力并不完美，我们的记忆也一样有缺陷。为了不让所学习到的教训以及我们经历过的事件，慢慢陷入遗忘的深渊，我们就必须在这些方面经常做些反思。然而，我们不习惯反思不重要的事，而且一般来说，不愿意反思对自己不愉快的事，但如果要记住它们，我们便有需要那么做。但是，那一类我们认为不重要的事会继续有新的增加：大多在开始看起来挺重要的样子，因为它反复发生而变得无关紧要，因此到最后，我们实际上已忘了它发生的次数。所以，我们对于早年的事记得多些，对于后些年岁的事记得较少。我们活得愈长久，我们称之为重要、认为值得记住的事就愈少，仅仅由于这一点，我们就不会把许多事记下；也就是说，事情一过，我们就忘记。时光继续奔驰，它的行程总是留下极为稀疏的痕迹。

更进一步，不愉快的事发生在我们身上，我们不愿意想到它；有损我们虚荣的事，通常更是如此。因为发生在我们身上的不幸事件，很少是我们完全无可责备的。因此，人们很容易忘记许多不愉快的事以及许多不重要的事。

有了这双重缘故，我们的记忆变得就这么短暂。一个人对于已经发生之事的记忆，因为日常要占据他心头的事增多，而相对地变得短暂。我们早年所做过的事，那些很久之前发生的事件，好像是岸上的目标，对于出航的水手来说，每走一分钟都变得愈小、愈不清楚，更难认清。

再说，我们有时会记得或想起很久以前的某情景，好像就在昨天发生一样，有关的事件似乎就呈现在我们附近。这种经验的理由就是，我们不可能同样那么生动地回忆中间时段所发生的事，而且涵盖那个时期的一幅图像，也不可能在一瞥之间全部指认出来；此外，那个时期所发生的大部分事情都已经忘掉，所留下的不过是我们曾经经历过那段生活的一般了解——一种只是抽象生存的概念，不是某特殊经验的直接景象。这就造成久远以前的某一单独事件，好像是在昨天发生，中间时段消失了，整个人生看起来是那么不可思议的短暂。的确，在年老时我们有时不会相信我们竟是如此老迈；或是我们遗留下的冗长的过往，具有任何真实的存在——这种感觉主要是因为我们所见到的目前的处境，似乎总是那么稳定，不可动摇。这些和其他的相似的心理现象，最终可以追溯到两个真相：其一，误导我们对时间发生错觉的，不是我们的内性的本身，而是它的表象；其二，“现在”是世界作为主体和世界作为客体的接触点。①

还有，为什么在年轻时，我们对于展现在面前的岁月看起来没有终点呢？因为我们希望在有生之年要做到的事，必须找出空间来容纳。我们在每年每月都塞满了计划，如果试图一一实现，我们就是活到彭祖的高寿，死亡到临时还会嫌太早呢！

我们年轻时觉得生命漫长的另一原因是，我们不免会用我们活过的那些年，来衡量人生的寿命。在早年，一切事物对我们都是新的，所以它们看起来重要；在事情发生后，我们想到它们，把它们记住。因此，在年轻时，生命充满着各种故事，其过程也就显得悠长。

有时，我们觉得向往某一远处，实际上，我们只是渴望能讨回我们在该处消磨的时光——一些比我们现时较为年轻而纯洁的日子。在那些时刻，时间戴着空间的面具来嘲弄我们，如果我们前往那个地方，就可看出我们完全受骗。

57

活到高寿有两个方法，两者都以身心健全为绝对必要条件。这两个方法可用两盏灯来说明，一盏灯的油很少而燃的时间长，因为它的灯芯小；另一盏灯也燃得很长，尽管它灯芯粗，但它有大量的油供应。在这里，油就是生命力，灯芯粗细的不同就是使用生命力的多样方式。

36 岁以前，在使用生命力的方式上，我们可被比喻为依靠本

---

① 英译者注：叔本华在这里的话是说，“心性”是构成生命和自然的所有现象的内在实质，但心性的本身不受时间的影响；在另一方面，心性的客体化，也就是让心性在世界的过去现象中表达出来，必须依赖时间。这样，时间可界定为变动的情况，“现在”是实质和表象之间的唯一接触点。

金生息而过活的人：我们今天把钱花掉，明天还会再有。但是，从36岁以后，我们的地位则好像投资者开始动用他的资金。起初，他没有注意到有什么不同，因为他开销的大部分都由本金的利息支付。如果超支不大，他不会注意的。但是，超支不断增加，直到他觉察出超支问题日渐严重：他的状况变得愈来愈不稳固，他自己觉得越来越穷，又没有希望停止吃老本，他从富裕向贫困下降的运动——像一件固体在空中下降，到最后毫无空间留下。如果这一比喻的两个条件——人的生命力和财富——都真的同时开始消解，这个人的确到达了可怜的困境。就是对于这种不幸的恐惧，使人年纪愈大愈为爱惜财物。

在另一方面，在人生开始之际——在我们成年之前的阶段以及成年之后的短时间——我们的生命力的情况，如同有些人每年把一部分利息加到本金里面一样；换言之，不但他们的利息照常地来到，而且本金不断地获得增加。在笃实的监护人的用心照顾之下，这种令人高兴的情况——对于健康和财富都一样——有时是能实现的。哦，幸福的青春，可悲的老年！

然而，就是一个人在年轻的时候，也应该节省他的精力。亚里士多德（见其著作《政治》末卷第5章）指出，在奥林匹亚运动会的所有胜利者之中，只有两位或三位在两个不同的时期，一个在少年，一个在成年，都获得奖项，其理由是，在成年之前接受训练所涉及的努力，会把他们的精力消耗殆尽，就很难持续到盛年。在膂力方面如此，在神经活力上更是这样，而我们所有的智力成就无非都是神经活力的表现。所以，我们见到的神童——温室教育的成果，在儿童时代聪颖异常，令人赞叹不已，到后来变得很是平常。的确，孩子们早早被迫学习古典语文的方式，也许能解释为什么许多饱学之士竟是那么迟钝而且缺乏判断力。

58

我说过，几乎每一个人的性格都似乎特别适合人生的某一阶段，他到达这一阶段就是登峰造极。有些人年轻时非常可爱，在那以后，毫无出色之处；有人在盛年时活跃有劲，年纪渐增就失去所有价值；许多人在年老时最占优势，这时他们的性格显得比较柔和，饱经世故，可以从容地对待人生。法国人就往往是如此。

这一特殊性，可能由于有关人士的性格，跟青年、壮年或老年的性质比较接近，这一性格或是能跟人生的某一阶段相辅相成，或是可以矫正其人在某一阶段的一些特别缺点。

59

在岸上的东西逐渐隐入远处，而且显然变小，水手们只有靠这种方式观察船只的进程。同样的，看见比我们年纪大的人都显得年轻，我们觉察到我们已经年老。

60

前面说过，我们年岁愈大，我们所见所做或所经历的一切，在心中留下的痕迹就愈少，这种现象的原因也解释过。引申其中含义，我们也许可以这么说，只有在青年，我们能意识到我们是充分清醒地活着；到年老时，我们只是半活半死。时光向前流逝，我们对于周遭发生的事情的感觉渐渐减少，人生大小诸事匆促地过去，没有留下任何印象，正像我们第一千次看一幅艺术作品一样。手头有什么事，我们就做什么，过后我们不知道我们是否做过那件事。

生命愈接近一切知觉停止的终点，就会变得愈是缺乏知觉，时间本身的进程却似乎在增加速度。在孩童时代，人生的一切事物和境遇都是新奇的，这就足够使我们清醒，对生存有完全感觉，因此，在那个年龄，每天都似乎非常的长。我们旅行的时候，会产生同样的感觉：在外面一个月，比在家度过四个月要悠长。在年轻或在旅途的时候，时间都似乎过得比较漫长，就是新奇感在实际上也无法免去我们不时感到时间漫长得无从打发。可是，经过较长时期，习惯了那些感觉，我们的心智磨损得很厉害，我们经历的事物对我们所产生的印象就越来越小，这就使时间似乎愈不重要，也觉得愈短：孩子的一小时，比老人的一天漫长。于是，我们活得愈长，时间过得愈快，像一只球滚下山坡一样。再举一个例子：在一个转动的圆碟上，一个小点离开中心愈远，它就转动得愈快。在滚动的人生巨轮上也一样，你离开起点愈远，时间为你转动得也愈快。所以我们可以说，就时间对我们的认知所造成的感觉而言，某一年的长度，是 1 与我们当时岁数之间的商成反比。例如，在五十岁时的一年，其感觉上的长度，只是五岁时的十分之一。

时光流逝的速率，在我们感觉上所造成的不同，对于我们生存的每一阶段的整个性质，起着最有决定力的影响。首先，它使得孩童时代——虽然只包括 15 年——似乎是一生最长的阶段，因而也是回忆最为丰富的。其次，它让人容易觉得烦闷无聊，年纪愈小愈是如此。例如，请想想孩子们所表现出的经常需要有所事事——不管是工作还是游戏，如果他们工作和游戏都完毕，一阵可怕的烦闷感随之而来。甚至在青年时代，我们也不能免除这种性向，大家都害怕无事可做的时刻。成年后，这种烦闷感会愈来愈少得多。老人发现时间短缺，光阴似箭。当然，我所说的是道地的人，不是老朽的畜生。时光加速行进，烦闷无聊在人生前进中大多数会消逝，这时，热情及其伴随的痛苦会安分地睡去，人生在后期的负担，整体说来，比青春期显著地减轻，当然，这要假定健康还能维持住。所以，紧接着衰弱、困苦重重的老境之前的那个阶段，获得人生“最佳岁月”的美名。

这可能是名副其实的，因为这些岁月将为我们带来舒适感。尽管如此，但青春年代的知觉是活跃的，能接受一切印象，青春时期拥有这一特权——种子在这时播下并发芽，青春期是我们心智的春天。那时期人们能领略深刻的真理，但不能构想出深刻的真理——也就是说，深湛真理的初始知识是立即的，是由一时的印象召唤出来的。只有当印象深刻活跃时，人们才能获得这种知识；如果我们要对深湛真理有所认识，完全要靠我们善用前段岁月。在人生的后期，我们可能更有能力影响他人——影响世界，因为我们的天性已经发展完备，不再受新观点的左右；不过，这时的世界相比较而言不能影响我们。这是我们诉诸行动和获取成就的时候，而青春期是构成基本观念、为思想奠定基础的时候。

在年轻时，事物的表象最能吸引我们；年老时，思索是我们心智的主要特质。因此，青春期是喜爱诗歌的时代，老年就偏好哲学。在实务方面也是如此：我们在年轻时，多由外表世界所给予的印象形成我们的决心；而在年老时，我们用思想决定行动。这种情况，部分地可由下列事实予以说明：只有一个人年纪大了，他观察表象的次数才够多，才能让那些观察的结果按照它们代表的观念加以分类——这一过程又重新使他对那些观念在各个方面获得更为充分的了解，并对它们的正确价值以及可予信赖的程度加以评定；而与此同时，他已经习惯于人生各种姿态所灌输的印象，这些印象对他的作用跟从前有所不同。

相反的，在年轻时，各种事物（也就是人生的表象）对人所造成的印象极为强烈，尤其是对于性情活泼、想象丰富的人们，他们会把世界看作一幅图画。他们主要的顾虑是，他们在图画中会是什么人物，样子如何；但是，他们并不明白其程度是否合乎实情。在个人虚荣上，在爱好精致服装上（如果未在其他方面），年轻人的表现就是不同，这是心智的一种质地的外露。

毫无疑问的，我们的智力在年轻时最能做大大的和持久的努力，这阶段有人可维持到 35 岁；在这阶段以后，我们的智力开始衰退，虽然很是缓慢。可是，在我们生命的后期，甚至包括老年，也不无智慧上的补偿。只有在这时，我们可说是经验丰富，或是学识充实。这时我们才有时间和机会，让我们能从各方面观察和思考人生，我们能把一事跟另一事相比较，发现它们之间的接触点和相系的链条，所以只有这时候，才会正确地了解事物之间的真实关系。还有，我们在年轻时所获得的知识在深度上会有所增加；我们在过去所获得的观念，现在有更多的例证予以说明；我们在年轻时以为自己知道的事物，现在有了实质的了解。此外，我们的知识范围比较广大，不管朝任何方向延伸，它都是彻底的，因此能构成一致的并有关联的整体。年轻时，知识总归会有缺陷，是片面的。

在踏入老年之前，任何人对于人生的认识不可能是完整而适当的。只有老人看到人生的整体，知道它的自然进程。大家都对人生的入口有所认识，但只有老人对于人生的出口也有认识，这一点是极为重要的。因此，只有老人对于人生的极度虚妄有充分的了解，而其他人都免不了会有“船到桥头自然直”的错误想法。

另一方面，我们年轻时具有更多的想象力，在人生的那个阶段，我们举一隅而以三隅反。年老时，我们喜欢判断、深入和彻底。为了体认这个独特而奇异的世界，这是年轻人搜集有关资料的时候，目的在于写出他对人生的创新观点，也就是说，一位天才要给侪辈留下瑰宝；但是，只有在后期，他才变得善于利用数据。于是乎我们发现，伟大的作家一般来说在大约 50 岁写出最好的作品。虽然知识的树要长成后才结果实，树根却须在幼小时打好基础。

每一个时代，不管它的特性是如何的贫乏，都认为自己这一代远比上一代要聪明得多，比之更以前的时代，就不用说了。我们一生的各个阶段也是一样，总认为本阶段比上一阶段优越。然而，对于这两桩事情的如是看法，往往是错误的。在我们身体生长的年代，我们的心智和知识每天都有所增长，我们已习惯了在今天轻视昨天。这种习惯已经生根，甚至在我们智力开始衰退之后仍然如此，这时我们倒应该在今天敬佩昨天。所以，我们常会不适当地贬抑我们年轻时候的成就和判断。

我们在这里应该提出一个全面的看法：虽然一个人的智力和心地，就其主要品质而言都是天生的，但前者毕竟不像后者那么不能改变。事实是，智力是会经历许多变化的，而一般说来，每有变化都会实际显露出来。这种现象，部分是由于智力在身体中占有深邃的基础，部分是由于智力所处理的素材是由经验提供的。所以，从身体的观点而言，我们发现，如果一个人有特殊才能，这种才能开始时是慢慢地增进实力，达到高峰，然后走上缓慢衰退的道路，最后成为低能。在另一方面，我们不可忽视，让我们的能力有所作为、继续活动的素材——也就是有关思想和知识、经验、智力成就、务必贯彻到底以求获致完美洞察力等的题材，其本身就构成巨大的密集体，并日渐增长，直到衰弱呈现、人的能力也突然崩溃为止。这两种不同的素质，一种是绝对不会改变，另一种则朝着两个相反方向改变，它们在同一个体之中结合的方式，可以解释大家心态的不同，以及人们在人生不同阶段所给予外物的不同价值。

更笼统地来说，人生的前四十年好比写出一本书的正文，剩下的三十年完成该书的注释；没有注释，我们对于正文的真义、系统，该书所含的寓意，还有它可接受的微妙引申，都无从获得正确的了解。

在人生快要结束之际，就像化装舞会的终了，大家把面具除下时分所发生的景况大抵一样。这时，我们能看出究竟谁是谁，在我们走过的这个世界的道路上，我们跟谁有过接触。在生命终了之时，每个人物都露出真面目，所作所为已有结果，成就得到正确的评价，一切虚假和伪装都已暴露。所有这些事件的发生，“时间”都是必要的条件。

最为奇怪的事实就是，只有生命快要终了之际，我们才会真正认清和了解真实的自己——我们一生所依从的目标和方向，尤其是我们跟其他人和全世界所建立的那些关系。由于这些认识，我们往往有需要把自己从前认为该得的地位降低一些。但是也有例外，偶然我们会提升我们此前所评估的地位。这是因为我们过去对于世人的卑下，没有适当的观念；我们一向所认定的目标，比其他人所遵循的要崇高些。

人生的迈进，显示每个人是什么材料做成的。

我们一般都说，青年是人生的快乐部分，老年是悲哀部分。如果说“热情”能让我们快乐，这话就正确。青年是由热情支配的，热情给予我们大量痛苦、少许欢乐。年老时，热情降温，让人休息，我们的心情偏向深思熟虑，理智获得自由而占上风。由于理智超出痛苦的范围，只要理智挂帅，我们当会觉得快乐。

只需记住，“欢乐”在性质上是负面的，“痛苦”是正面的，我们就能了解到热情绝不会是快乐的来源，老年不会因为跟许多欢乐无缘，而被认为不值得那么羡慕。因为各种各类的欢乐，都不过是一些需求和渴望的缓和剂；需求一旦消失，欢乐就告结束，这话是谁都该接受的，犹之乎进餐之后不能再吃，在熟睡一夜之后不能再睡。

在《理想国》的前言中，柏拉图曾经说过，优胜奖应该颁赠给老年，因为人们大半生为之困扰不已的性冲动，这时终于获得解脱。他的这一番话，比之青年是人生最快乐的阶段的看法，可以说是更合实情。的确，我们甚至可以说，根源于这一激情的无数的奇思怪想，还有因此而产生的情绪，往往导致我们陷入一种轻微的疯狂。只要我们还有性冲动——这一邪魔似乎驱走不掉——这种癫狂就会持续，在激情消退之前，我们不能真正地成为理智的动物。

除了个别的情况和特殊的气质之外，一般而言，无疑的，年轻人明显地带着一些忧郁和悲情，老年人就充满和熙的情操。理由很明显，因为年轻人仍然在那邪魔的控制下，为它服务，甚或是服劳役，永无宁日。现在降临或危害这世界的几乎所有祸端，都可直接或间接地追溯到这个渊源。老年人祥和愉快，因为长时期在激情的约束禁锢之后，他现在可以行动自由了。

然而我们不要忘记，当这种激情消退之后，生命的真正核心已经离去，除了躯壳以外，没有其他东西留下；从另一观点来看，人生像一出喜剧，开场是由真正的演员上演，以后由穿着他们衣服的机械人继续，直至最后收场。

无论如何，青年是不安的阶段，老年是休憩的时候，从这种景况，我们可以推断出人生每个阶段在获得欢乐上的相对程度。小孩子伸出小手，急切地要攫取他看得见的所有美丽的东西，他的感觉是生气勃勃的，是新颖的，他被这世界的一切所迷惑。青年期也大致相同，而在完成壮志上，则显现出更大的精力。他也一样被所有美丽的事物和周遭宜人的形象所迷惑，他按照这些感觉凭想象所虚构的憧憬，超出这个世界所能应许的程度。因此，他内心充满炽热的欲望，而又不知道什么是自己喜爱的——让自己不能片刻安宁，不可能拥有快乐。但是老年一到，所有这一切都得到解决和了断，部分是因为血液降温，官能不再那么容易被诱惑；部分由于经验阐明了事物的真正价值，欢乐于事无补，这一来，幻觉逐渐被驱走，在以前曾经遮蔽或扭曲世界真相的怪念头和偏见，已经消失远扬。其结果是，我们能获得比较正确和清楚的景观，看得见事物的真面目，而且对于这个地球上一切事物的虚空，可能具备或多或少的洞察力。

这就让几乎每一个老人，不管他的才智是多么的平庸，都获得一丝丝的智慧，这也使得他跟年轻人有所不同。所有这些变化的主要结果，就是随后到来的心境平静——它是快乐的重要因素，事实上，是快乐的必要条件。年轻人天真地想象，世界上美好的事物多的是，只待我们去找寻；而年长者就沉浸在《传道书》的真理中，所有的事物都是虚妄的——他知道，不管外表是多么好看，坚果是中空的。

61

人只有在暮年，才会真正欣赏霍勒斯的话，“（面对欲望和恐惧）不让自己烦忧”[①]。他这时是直截了当、诚心地相信，凡事都是虚空的，世上的光荣都是徒然，他的错觉幻灭了。他不再存有绮思——在世界的某处，在宫殿或是在茅舍，会有某些特别的快乐，一切快乐无非就是自己在身心没有痛苦时所享受到的。世界对于伟大和渺小、高贵和低贱所做出的区别，对于他来说，

① 原文英译为：Not to allow ourselves to be disconcerted (in face of desire and fear).（Epistles《书函集》，I.6.1）

是不再存在的。在这种幸福的感觉中，老人对于一切错误的念头都付诸一笑。他是完全明白的，他知道，人生无论怎么加工粉饰，不管用什么精品装配，它在四周的灿烂中不久就露出寒碜的本质；我们尽可以打扮，佩戴珠宝，我们的周身仍然还是那样——此生如果具有真正价值，仅止于不受痛苦的侵扰，不在于享有多少欢乐，更别说炫耀、摆场面了（比较霍勒斯《书函集》，I.12）。

醒悟是老年的主要特征。幻想给予生命以妩媚，并激励它有所作为，到这时已经离去了；世间的辉煌已被证明为无用而空洞，它的排场、光辉和雄伟已经褪色。人到这时会发现，人们所需要的大多数东西，以及所渴望的大部分欢乐的背后，其实质竟是非常少量的。于是，他逐渐领悟到人类的存在是空虚无奈的。人到七十岁才真正了解《传道书》开头的话[①]，这也可以解释，为什么老人有时感到焦躁和乖僻。

人们常常说，老人的共同命运是生病，对人生感到厌倦。老年并不一定是疾病缠身的，尤其是考虑到人们可以真正活到高寿；尽管随着年岁的增加，身心的健康和失调都会有所增加。至于对生活感到厌倦或烦闷，我在上面已经讨论过，老年比青年更不会遭受这一类的不幸。烦闷也不一定是跟寂寞不可分开的，老年之所以无法逃避寂寞，其理由浅显易见。有些人只知道感官上的满足，以及跟他人交往而获得乐趣，未能让自己的头脑获得启发或使用自己的才智，日后感到寂寞对于他们是必然的。的确，接近老年，我们的智力会随之衰退；但是，只要智力本来还行，剩下

① 英、汉译本分别为：Vanity of vanities, saith the Preacher, vanity of vanities; all is vanity (*Ecclesiastes*, I.2)．传道者说：“空虚，空虚，人生空虚，一切都是空虚。”（《传道书》，I.2）

的总是足够用来对抗寂寞的侵袭。还有，我已经谈到过，经验、知识和反思加以结合之后，会让老人对于世间情况获得更为准确而深刻的了解，他的判断变得更为恰当，他对于人生境界有系统的观点，他的心胸和见地涵盖更广大的范围。他所累积的知识不断发现新的用途，每有机会这些知识又会增添。他让自我教育在内心持续地进行着，这又使他的头脑得以运用，并获得满足，从而一切努力都得到适当的回报。

这些使得智力的衰退得到若干程度的补偿。此外，我也说过，我们年纪大了，时间就似乎过得更快，这种感觉的本身就能防止寂寞无聊。年老体衰并无大碍，除非我们要靠体力谋生。年老而贫穷是极大的不幸。如果经济条件尚可，健康还行，老年是一生值得度过的时光。这时的需要是舒适，不为生计忧愁，因此，金钱比以前倍加珍贵，因为它能补足体能上的衰退。爱和美的女神遗弃他，老人转而去找诗酒之神给他欢乐。他过去喜欢观察事物、旅行和研究，现在想要发言、教导他人。如果老人能保持一些对学问、音乐或戏剧的爱好，如果他对周遭的事物，一般来说，仍然感觉相当敏锐（有些人到耄耋之年仍是如此），那就够幸运了。在人生的这个阶段，我们内在的品质会比以前对自己更有助益。

毫无疑问，大多数人一生都顽梗愚昧，到老时愈来愈僵化。他们所想、所说和所做，全部是跟邻居们一模一样；现在不管发生什么事，都不能改变他们的性情，或是叫他们采取其他行动。跟这些老人谈话，就像在散沙上写字，你就是能写出什么字，几乎马上会消失。这种老人只是生命的“残渣”——人的所有要素都没有了。年老时候偶尔有人第三次长出牙齿，这显然是上天告诉我们，老年期是第二次童年。

人的才智到年老都会减退，而且速度愈来愈快，这诚然是很悲伤的事；但是，这是必须的，甚至是有所助益的安排，否则死亡会太难忍受，衰老就为我们做了这一准备。因此，活到耄耋之年的最大好处是安乐死——这种死亡非由疾病导致，而是没有任何痛苦和挣扎。（有关安乐死的叙述，请参阅本人主要著作《作为意志和表象的世界》第2卷第41章）

不管人活到多大年岁，他所具有的时刻一直都不过是不可分割的“现在”。在暮霭之年，我们的记忆衰退，心智每天都在减损，重新所获得的那部分很有限。

青年和老年的区别永远是这样的：青年盼望生命的发展，老年期待死亡；年轻人的过往短暂，未来久长，年老人的情况正好相反。话是说得对：人老了，等待他的只有死亡；年轻时，他所期望的是生存；这里所引起的问题是，这两种命运，哪一种更多风险？人生的素质，整体说来，是否年纪大比年纪轻要理想一些？“死去的日子胜于出生的日子”，传道者（《传道书》VII.1）不就是这么说吗？期望长寿显然是轻率的。[①] 西班牙人有一句俗语：“长寿之人，经历的不幸也多。”

62

每个人一生的事业，并不像占星术所说的，可以凭靠观察星斗而预测出来。但是，人生的一般过程，就其各个不同的阶段而言，可以用行星的接续运行来比喻，所以人们可以说是依次在每一行

---

① 严格地说，人的生命是无所谓长或短的，因为人的生命是我们用来衡量所有其他事物之长久所依靠的一个终极标准。在《吠陀·奥义书》（见“Oupnekhat”第2卷）中，人生的自然寿命写明是100岁。我觉得这话是对的。事实上，我已经观察过，只有超过90岁的人才享有“安乐死”——无病、未中风或惊厥，没有任何痛苦地死去；甚至有时脸色不变苍白，一般是坐姿，往往在饭后死去——或者说，不是死去，而是停止活。90岁之前因病死去就是早死。

星的影响之下那么度过岁月。

人在十岁时，水星（使神）当头。十岁的人像水星一样，在一个小范围之内非常活跃，凡事对他影响都很大，在这位灵活善言的使神指导之下，他会取得很大的进步。二十岁由金星（爱神维纳斯）接管，这时男子全心热爱女人。三十岁，火星（战神）位列前茅，这时的人浑身是劲是力——勇敢、好斗、倨傲。

年届四十，就由四个小行星管事，也就是他的生命范围扩大了。他很实在，换句话说，由于谷神星的帮助，他偏爱实用的事物；受到灶神星的影响，他有自己的炉灶；小惑星（智慧女神）教导他具有必要的知识；他的妻（他的婚姻女神）是管家的女主人。[①]

一到五十，主要的影响力是木星（主神）。这时他的许多同时代的人已经去世，他觉得他是当代的佼佼者。他的精力依然旺盛，而又富于阅历和知识；根据他的个性和地位，他对他周围的一些人就具有权威。他不再倾心于接受他人的命令，他要自己发号施令。这时最适合他的工作，是在他自己的范围内，从事指导和管理。这显示罗马主神朱庇特的胜利结局，五十之人到达人生的顶峰。

然后是土星的到来，大约是六十岁，人这时像一块铅，迟钝而缓慢：

> 但老人啊，许多看来就像是已经死去；
> 像铅块一般的笨拙、迟缓、沉重和苍白。

---

① 初稿之后尚发现有其他小行星，但只是一些补充，我可以置之不理。我和那些新的小行星的关系，跟那些哲学教授们和我的关系一样——我不加理睬，因为它们跟这里的讨论无关。

（《罗密欧和朱丽叶》第二幕五景）

最后是天王星。俗话说，人要归天国了。

我不知道怎么处理海王星，因为这颗行星命名不当，我不便用它正确的称呼——爱神厄洛斯。否则我可以指出人生的开端和结束是如何相连，厄洛斯跟死亡的关系是怎样密切，冥王（埃及人称其为“Amenthes”，见普鲁塔克著 *De lside et Osiride*。参见《谈 Isis 女神和 Osiris 神》第 29 章）为何是一切事物的毁灭者和创造者。死亡是生命的大储藏库，各种实体都由冥王而来——此刻活生生的每一实体，都曾经在那里存在过。我们要是知道其中奥秘，一切都将清晰了然！

代 跋

The Duty of Happiness

快乐是责任

"If a man is unhappy, this must be his own fault; for God made all men to be happy."

——Epictetus

"有人要是不快乐，那一定是他自己的过错，因为上天是要让所有的人快乐。"

——爱比克泰德

Life is a great gift, and as we reach years of discretion, we most of us naturally ask ourselves what should be the main object of our existence. Even those who do not accept "the greatest good of the greatest number" as an absolute rule, will yet admit that we should all endeavour to contribute as far as we may to the happiness of our fellow-creatures. There are many, however, who seem to doubt whether it is right that we should try to be happy ourselves. Our own happiness ought not, of course, to be our main object, nor indeed will it ever be secured if selfishly sought. We may have many pleasures in life, but must not let them have rule over us, or they will soon hand us over to sorrow; and "into what dangerous and miserable servitude does he fall who suffers pleasures and sorrows （two unfaithful and cruel commanders） to possess him successively?" [Seneca]

生命是一件伟大的礼物，当我们到达明辨事理的岁月，我们大多数人会质问自己，我们生存的目的是什么。“为最大多数人谋取最大好处”如果被当作是我们生存的绝对准则，有些人可能不会接受，但即使这些人也会承认：我们应该尽力为我们人类的幸福快乐做出贡献。可是，有许多人却在怀疑我们是否应该让自己快乐。当然，我们自己的快乐不应该认为是我们的主要目标，而且，如果我们自私自利地去谋取个人的快乐，不一定真的就能得到快乐。在生命之中，我们可能获得许多欢乐，但不能让欢乐支配我们，否则欢乐不久就会把我们移交给忧愁；而“人们一旦任由欢乐和忧愁（两位狡猾而残忍的司令官）轮流做主人，就将会陷入极度危殆和悲惨的奴役之中”。[塞涅卡]

I cannot, however, but think that the world would be better and brighter if our teachers would dwell on the Duty of Happiness as well as on the Happiness of Duty; for we ought to be as cheerful as we can, if only because to be happy ourselves, is a most effectual contribution to the happiness of others.

无论如何，我自然而然地想到，如果教师们多加强调“快乐是责任”以及“责任是快乐”的道理，这个世界将会更为美好和亮丽。我们都应该竭尽所能地高高兴兴，哪怕就因为我们自己快乐，只是一个最有效促使他人快乐的做法。

Everyone must have felt that a cheerful friend is like a sunny day, which sheds its brightness on all around; and most of us can, as we choose, make of this world either a palace or a prison.

每个人都必定这么感到，一位意气风发的朋友就像一个大晴天，向四处散布出光辉；我们大多数人都能够按照自己的选择，使这个世界成为一座皇宫或是一所监狱。

There is no doubt some selfish satisfaction in yielding to melancholy, and fancying that we are victims of fate; in brooding over grievances, especially if more or less imaginary. To be bright and cheerful often requires an effort; there is a certain art in keeping ourselves happy: and in this respect, as in others, we require to watch over and manage ourselves, almost as if we were somebody else.

毫无疑问，向忧郁屈服，幻想着我们是命运的受害者，可以获得一些自私的快慰；沉浸于悲伤，特别是多少带着想象的悲伤之中，同样不乏自私的快慰。要做到开朗和愉快，时常需要一番努力。保持自己的快乐有其秘诀：我们需要把自己几乎当作别人那样监视自己、管理自己。在这方面是这样，其他方面也如此。

Sorrow and joy, indeed, are strangely interwoven. Too often

We look before and after,
And pine for what is not;
Our sincerest laughter
With some pain is fraught;
Our sweetest songs are those

That tell of saddest thought. [Shelley]

的确，悲伤和高兴彼此奇特地交织在一起。经常是：

我们前瞻后顾，
为虚无之事伤感；
我们最诚挚的大笑，
竟然充满痛苦；
我们最甜美的歌声，
诉说最悲哀的思念。[雪莱]

As a nation we are prone to melancholy. It has been said of our countrymen that they take even their pleasures sadly. But this, if it be true at all, will, I hope, prove a transitory characteristic. "Merry England" was the old saying, let us hope it may become true again. We must look to the East for real melancholy. What can be sadder than the lines with which Omar Khayyam opens his quatrains [quoted from Whinfield's translation]:

We sojourn here for one short day or two,
And all the gain we get is grief and woe;
And then, leaving life's problems all unsolved
And harassed by regrets, we have to go;

英国人似乎很容易流于感伤。有人说，英国人就是欢乐时也离不开悲伤。这话如果属实，我希望也只是一种短暂的特征。“欢乐英伦”是一句老话，让我们希望它会再度成为实话吧！真正的悲伤还得在东方寻找。在一首长篇四行诗的开头，奥马·海亚姆写出最令人伤感的句子[引文取自温菲尔德的英译]：

我们只在这里暂停短短的一两天，

而我们所得不过是悲哀和愁苦；
然后，把未解决的人生问题留下
还被遗憾困扰，我们必得离去；

or the Devas' song to Prince Siddartha, in Edwin Arnold's beautiful version:

We are the voices of the wandering wind,
Which moan for rest, and rest can never find.
Lo! as the wind is, so is mortal life——
A moan, a sigh, a sob, a storm, a strife.

在 E. 阿诺德的优美的译本中，我们还找到众神赠给悉达多王子的诗歌：

我们是流浪之风的呼声，
苦求止息，而永不可得。
瞧！短促生命正像那风一般——
一声哀叹，一阵哭闹，一场纷争。

If indeed this be true, if mortal life be so sad and full of suffering, no wonder that Nirvana——the cessation of sorrow——should be welcomed even at the sacrifice of consciousness.

如果这些话的确属实，如果人生真是那么悲哀而又充满痛苦，那就难怪涅槃——息愁——会受到欢迎，纵使涅槃意味着我们要牺牲知觉。

But ought we not to place before ourselves a very different ideal——healthier, manlier, and nobler hope?

但是，我们不应该在我们面前摆放一个迥然不同的理想——一个更为健康、更为勇敢、更为高贵的希望吗？

Life is not to live merely, but to live well. There are some "who live without any design at all, and only pass in the world like straws on a river: they do not go; they are carried" [Seneca]——but as Homer makes Ulysses say, "How dull it is to pause, to make an end, to rest unburnished; not to shine in use——as though to breathe were life!"

生命不仅仅是为了活着，而且是需要活得好。有些人"活着没有任何计划，活在这个世界只是像河上漂流的草秆：他们并未行进，他们是随波逐流" [塞涅卡]——正像荷马让尤利西斯代为说出的话，"停下、结束、无作为而休息，不图有我发出光亮是多么沉闷——好像呼吸就是生命！"

Goethe tells us that at thirty he resolved "to work out life no longer by halves, but in all its beauty and totality."

歌德告诉我们，他在三十岁决定"对生命不再妥协，要找出它整个的美和全貌"。

Life indeed must be measured by thought and action, not by time. It certainly may be, and ought to be, bright, interesting, and happy; and, according to the Italian proverb, "if all cannot live on the Piazza, everyone may feel the sun."

的确，生命不该用时间去计算，而该用思想和行为去度量。生命肯定可以是而且应该是亮丽、有趣和快乐的。按照意大利的一句俗语说，"要是大家无法都生活在大广场，每个人都可以感受其阳光”。

If we do our best; if we do not magnify trifling troubles; if we look resolutely, I do not say at the bright side of things, but at things as they really are; if we avail ourselves of the manifold blessings which surround us; we cannot but feel that life is indeed a glorious inheritance.

如果我们尽最大努力，如果我们不夸大琐细的繁难，如果我们下决心观察事物的真相（我并非意味只看事物光明的一面），如果我们能利用围绕我们四周的各种福恩，我们大家一定会感到生命的确是光辉伟大的传承。

Few of us, however, realise the wonderful privilege of living, or the blessings we inherit; the glories and beauties of the Universe, which is our own if we choose to have it so; the extent to which we can make ourselves what we wish to be; or the power we possess of securing peace, of triumphing over pain and sorrow.

可是，我们之中太少人领悟到生活上的神奇特权，或是我们所承受的福祉；太少人了解到，只要我们选择，宇宙的光辉和美丽是属于我们的；太少人觉察到，我们的愿望终归可以实现的某一限度；太少人认识到，我们在寻求平安以及战胜痛苦和悲伤这方面所拥有的伟大力量。

Dante pointed to the neglect of opportunities as a serious fault:

Man can do violence
To himself and his own blessings, and for this

He, in the second round, must aye deplore,
With unavailing penitence, his crime.
Whoe'er deprives himself of life and light
In reckless lavishment his talent wastes,
And sorrows then when he should dwell in joy.

但丁指出，忽视机会是一项严重的过失：

人会冒犯
自身和自己的福祉，为了这
他，在下次，必将以无用的
悔恨，痛惜自己的罪过。
谁浪荡挥霍地剥夺
自己的生命和光彩，
就将在可以欢乐之际哀伤不已。

Ruskin has expressed this with special allusion to the marvellous beauty of this glorious world, too often taken as a matter of course, and remembered, if at all, almost without gratitude. "Holy men," he complains, "in the recommending of the love of God to us, refer but seldom to those things in which it is most abundantly and immediately shown; though they insist much on His giving of bread, and raiment, and health (which He gives to all inferior creatures): they require us not to thank Him for that glory of His works which He has permitted us alone to perceive; they tell us often to meditate in the closet, but they send us not, like Isaac, into the fields at even; they dwell on the duty of self-denial, but they exhibit not the duty of delight;" and yet, as he justly says elsewhere, "each of us, as we travel the way of life, has the choice, according to our working, of turning all the voices of Nature into one song of rejoicing; or of withering and quenching her sympathy into a fearful withdrawn silence of condemnation."

这个光辉的世界神奇美丽，我们往往把它视为当然，就是有时记得世界这么神奇美丽，也几乎是不予感激。罗斯金曾经用特别的典故来表达这一点，他埋怨说："圣徒们在说明上帝给予我们爱的时候，很少提到最能立刻显示爱的事物，虽然他们不断地谈到他赐给我们食物、衣服和健康（上帝同样会把这些赐给所有低下的生命体）。对于上帝创造的辉煌，只有我们能够领略的事实，他们没有要求我们感谢上帝；他们时常告诉我们在密室默祷，而没有在傍晚时把我们遣送到野外，像对付以撒那般；他们三番五次总是阐述自我抑制之必要，而没有表达出喜乐是责任。"可是，他在别处很正确地指出："我们在人生之道路迈进的时候，每个人都可以按照自己的活动方式有所选择，或是把大自然的一切声音转变为欢乐的歌声，或是摧残和熄灭大自然的同情，让她做出可怕的和谴责般的规避与沉默。"

Must we not all admit, with Sir Henry Taylor, that "the retrospect of life swarms with lost opportunities。" "Whoever enjoys not life," says Sir T. Browne, "I count him but an apparition, though he wears about him the visible affections of flesh."

泰勒爵士认为，"回顾一生总觉得它充满着我们失去的大好机会"。我们有谁不会跟他同声感慨？布朗爵士说："不会享受人生的，我认为他只是幽魂，虽然他外表是明显的肉身模样。"

St.Bernard, indeed, goes so far as to maintain that "nothing can work me damage except myself; the harm that I sustain I carry about with me, and never a real sufferer but by my own fault."

的确，圣·伯纳德甚至这么阐扬道："除了自己之外，没有什么可以伤害我；我遭受的伤害我自己承担，除非是我自己的过错，自己就不会是真正的受害者。"

Some heathen moralists also have taught very much the same lesson. "The gods," says Marcus Aurelius, "have put all the means in man's power to enable him not to fall into real evils. Now that which does not make a man worse, how can it make his life worse? "

一些非基督教的道德家，也说过大体相同的教言。罗马大帝马克·奥勒留曾说："神明们让人掌握有一切方法使人自己不至于沦落为真正的邪恶。造化既然无意作践人，他怎么会糟蹋我等的生命呢？"

Epictetus takes the same line: "If a man is unhappy, remember that his unhappiness is his own fault; for God has made all men to be happy." "I am," he elsewhere says, "always content with that which happens; for I think that what God chooses is better than what I choose." And again: "Seek not that things should happen as you wish; but wish the things which happen to be as they are, and you will have a tranquil flow of life……If you wish for anything which belongs to another, you lose that which is your own."

爱比克泰德的看法相似："如果有人不快乐，要记住他的不快乐是他自己的过失，因为上天是要让全人类快乐的。"他在别处说："我总是对事情的发生感到满意，因为上天的选择比我自己的选择好一些。”他还说：“不要寻求事物按照我们的愿望而发生，而是愿望事物就是那么发生的，这样，我们可确保一生平安顺利……如果你希望拥有他人的任何东西，你就会失去自己的所有。”

Few, however, if any, can I think go as far as St. Bernard. We cannot but suffer from pain, sickness, and anxiety; from the loss, the unkindness, the faults, even the coldness of those we love. How many a day has been damped and darkened by an angry word!

可是我认为，持有这类想法的人，很少会像圣·伯纳德发挥得那么淋漓尽致。我们不可能不遭受痛苦、疾病和忧愁，不可能不蒙受损失、不仁、错误，甚至是我们所热爱者的冷酷对待。一句怒言，令我们多少日子变得不欢而且阴沉沉的！

Hegel is said to have calmly finished his *Phaenomenologie des Geistes* at Jena, on the 14th October 1806, not knowing anything whatever of the battle that was raging round him.

据说，在 1806 年 10 月 14 日的那天，黑格尔在耶拿平静地完成了他的著作《精神现象论》，对于他周遭所发生的剧烈战事，完全不知情。

Matthew Arnold has suggested that we might take a lesson from the heavenly bodies.

Unaffrighted by the silence round them,
Undistracted by the sights they see,
These demand not that the things without them

Yield them love, amusement, sympathy.

Bounded by themselves, and unobservant
In what state God's other works may be,
In their own tasks all their powers pouring,
These attain the mighty life you see.

M. 阿诺德曾经提议，我们可以从天体撷取教训。

未为四周的沉默所震慑，
未为它们见到的景象而分心，
它们不要求外在之物
带给它们爱、欢乐、同情。

自己就是边界，无视
上帝的其他创造物的模样，
它们把全力注入工作，
完成你看到的雄伟生命。

It is true that

A man is his own star;
Our acts our angels are
For good or ill,

and that “rather than follow a multitude to do evil,” one should “stand like Pompey's pillar, conspicuous by oneself, and single in integrity.” [Sir T. Browne] But to many this would be itself most painful, for the heart is “no island cut off from other lands, but a continent that joins to them.” [Bacon]

布朗爵士说得不错：

每个人就是自己的幸运之星；

我们的行为就是

我们为善作恶的守护神。

他还说过，“与其跟随众人作恶”，我们“应该像庞培的柱子那么耸立，卓然超群，诚正独特”。但是，对于许多人来说，这样的独立本身就是最痛苦的，因为我们的心“不是脱离其他土地的孤岛，而是跟那些土地相连接的大洲”。[培根]

If we separate ourselves so much from the interests of those around us that we do not sympathise with them in their sufferings, we shut ourselves out from sharing their happiness, and lose far more than we gain. If we avoid sympathy and wrap ourselves round in a cold chain armour of selfishness, we exclude ourselves from many of the greatest and purest joys of life. To render ourselves insensible to pain we must forfeit also the possibility of happiness.

如果我们把自己跟周围之人的利害分开，在他们遭受苦难之时不加同情，我们就是自绝于人；不去分享他们的快乐，我们所受损失将远远超过所得。如果我们躲避同情，把自己包裹在自私的冰冷的甲胄之中，我们就让自己失去人生的许多最巨大的以及最纯洁的欢乐。让自己对痛苦缺乏感觉，我们也必然丧失快乐的可能性。

Moreover, much of what we call evil is really good in disguise, and we should not "quarrel rashly with adversities not yet understood, nor overlook the mercies often bound up in them." [Sir

T. Browne] Pleasure and pain are, as Plutarch says, the nails which fasten body and soul together. Pain is a warning of danger, a very necessity of existence. But for it, but for the warnings which our feelings give us, the very blessings by which we are surrounded would soon and inevitably prove fatal. Many of those who have not studied the question are under the impression that the more deeply-seated portions of the body must be most sensitive. The very reverse is the case. The skin is a continuous and ever-watchful sentinel, always on guard to give us notice of any approaching danger; while the flesh and inner organs, where pain would be without purpose, are, so long as they are in health, comparatively without sensation.

不仅如此，许多我们称为邪恶或不幸的事，其实是好事的化身，我们不应该“跟尚未了解的苦难，轻率地争拗，也不该忽视苦难之中时常带来的福恩”。[引自布朗爵士]正如普鲁塔克所说，欢乐和痛苦是把身心连接在一起的钉子。痛苦是预告危险的，是生存的一种不可或缺的必需品。如果没有痛苦，如果不是我们的感觉给予我们这些警告，围绕我们周遭的福祉不久就不可避免地变成致命的根源。许多未研究过这一问题的人，总觉得位于身体比较深处的部分一定是最为敏感的。事实正好相反，皮肤是不断维持警戒的哨兵，一直在守卫，对任何到来的危险发出警告；肌肉和内脏就无须感到痛楚，只要还算健康，就没有什么感觉。

“We talk,” says Helps, “of the origin of evil; but what is evil? We mostly speak of sufferings and trials as good, perhaps, in their result; but we hardly admit that they may be good in themselves. Yet they are knowledge ——how else to be acquired, unless by making men as gods, enabling them to understand without experience. All that men go through may be absolutely the best for them —— no such thing as evil, at least in our customary meaning of the word."

赫尔普斯说："我们谈论邪恶或不幸的来源，但是，什么是不幸？我们大多肯定痛苦和磨炼是好的，这或许是就它们的效果而言；但是我们很少承认它们本身就是美好、就是善，它们就是知识——否则我们无从获取知识，除非让人们变为神，使他们无须体验就能领悟。人们所经历的一切，都绝对是对自己最好的——'不幸'或'邪恶'并不存在，至少就我们对这个词语的惯常意义而言。"

Indeed, "the vale best discovers the hill, "[Bacon] and "pour sentir les grands biens, il faut qu'il connoisse les petits maux." [Rousseau]

的确，"溪谷最能发现丘陵。"[培根]"要享受大恩大福必得体验小灾小难。"[卢梭]

But even if we do not seem to get all that we should wish, many will feel, as in Leigh Hunt's beautiful translation of Filicaja's sonnet, that——

So Providence for us, high, infinite,
Makes our necessities its watchful task,
Hearkens to all our prayers, helps all our wants,
And e'en if it denies what seems our right,
Either denies because 'twould have us ask,
Or seems but to deny, and in denying grants.

但是，我们即使似乎没有获得我们所希求的，许多人的感觉会如同利亨特把斐利卡亚的短诗所译成的优美作品中那样的——

我们的高高在上的无垠的神明，
把我们的需要当作他的大事，
聆听我们的诉求，帮助我们所需，
即使未给我们似乎该得之物，
也许为了要我们做出肯定请求，
或是没有给出只是似乎没有给出。

Those on the other hand who do not accept the idea of continual interferences, will rejoice in the belief that on the whole the laws of the universe work out for the general happiness.

And if it does come——

Grief should be
Like joy, majestic, equable, sedate,
Confirming, cleansing, raising, making free:
Strong to consume small troubles; to commend
Great thoughts, grave thoughts, thoughts lasting to
the end. [Aubrey de Vere]

对于未能接受“不断介入”这概念的人们，他们会高兴地相信，就整体而言，宇宙律是致力于整体的幸福。

如果它来到——

悲哀应该是
像欢乐、崇高、平稳、沉静、
肯定、清洗、提升、解脱，
能消除小烦恼；推导出

伟大思想、严肃思想、永恒的思想。[戴维尔]

If, however, we cannot hope that life will be all happiness, we may at least secure a heavy balance on the right side; and even events which look like misfortune, if boldly faced, may often be turned to good. Oftentimes, says Seneca, "calamity turns to our advantage; and great ruins make way for greater glories." Helmholtz dates his start in science to an attack of illness. This led to his acquisition of a microscope, which he was enabled to purchase, owing to his having spent his autumn vacation of 1841 in the hospital, prostrated by typhoid fever; being a pupil, he was nursed without expense, and on his recovery he found himself in possession of the savings of his small resources.

但如果我们不能希望人生完全是快乐，我们至少可以在快乐这一方获取优势；甚至是事态看来不幸，如果我们勇敢面对，也常常会转变为幸运。塞涅卡说，往往是"灾难转而对我们有利，大废墟为更灿烂的光辉开路"。赫姆霍兹认定他从事科学研究是从一次害病而开始的。害病让他能够购买一架显微镜，这是由于1841年的秋季假期他因伤寒病在医院度过，因为是学生，他住院不必花钱，在痊愈时发现在微薄的收入之中存下了一笔钱。

"Savonarola," says Castelar, "would,under different circumstances, undoubtedly have been a good husband, a tender father; a man unknown to history, utterly powerless to print upon the sands of time and upon the human soul the deep trace which he has left; but misfortune came to visit him, to crush his heart, and to impart that marked melancholy which characterises a soul in grief; and the grief that circled his brows with a crown of thorns was also that which wreathed them with the splendour of immortality. His hopes were centred in the woman he loved, his life was set upon the possession of her, and when her family finally rejected him, partly on account of his profession, and partly on account of his person, he believed that it was death that had come upon him, when in truth it was immortality."

卡斯特拉尔说："在不同的环境下，萨伏那洛拉无疑会是一个好丈夫，一个慈爱的父亲，在历史上寂寂无闻，绝对没有力量在时间的散沙上以及人们的心灵间烙印出他所留下的深深痕迹；但是厄运来造访他，碾碎他的爱心，把那标志着伤心人的明显的忧郁给予他，而那种围绕着他眉宇、看来像一圈荆棘的悲伤，却转而成为他那迸发出不朽光辉的花冠。他的希望本来以他热爱的那位女子为中心，他的生命以获得她为依归，而当她的家人一半因他的职业、一半因他的本身在最后拒绝他的时候，他感到面对的是死亡，但实际到临的是不朽。"

It is, however, impossible to deny the existence of evil, and the reason for it has long exercised the human intellect. The Savage solves it by the supposition of evil Spirits. The Greeks attributed the misfortunes of men in great measure to the antipathies and jealousies of gods and goddesses. Others have imagined two divine principles, opposite and antagonistic ——the one friendly, the other hostile, to men.

无论如何，我们无法否认不幸或邪恶的存在，其理由一直以来就在激使人们运用智慧。野蛮人的解决办法是假定有邪魔恶怪。

古希腊人大抵把人类的不幸，归咎于神祇们的排斥和妒忌。其他人想象出两大至上准则：相反和敌对——一个对人友善，一个对人仇视。

Freedom of action, however, seems to involve the existence of evil. If any power of selection be left us, much must depend on the choice we make. In the very nature of things, two and two cannot make five. Epictetus imagines Jupiter addressing man as follows: “If it had been possible to make your body and your property free from liability to injury, I would have done so. As this could not be, I have given you a small portion of myself.”

但是，行为自由似乎跟不幸之存在有关。如果有些选择权系由我们掌握，许多情况就得看我们所做的选择而定。根据事物的基本性质，二加二不可能等于五。爱比克泰德为罗马主神朱庇特所设想的对人的话语如下：“如果有可能让你的人身和财产不受到侵害，我会那么做。因为办不到，我把自己的一小部分给了你。”

This divine gift it is for us to use wisely. It is, in fact, our most valuable treasure. “The soul is a much better thing than all the others which you possess. Can you then show me in what way you have taken care of it? For it is not likely that you, who are so wise a man, inconsiderately and carelessly allow the most valuable thing that you possess to be neglected and to perish.” [Epictetus]

这份上天赐给的礼物是要我们明智地使用它。事实上，它是我们最为宝贵的财物。“心灵比你拥有的其他东西要好得多。那么，你能告诉我你用什么方式照顾你的心灵呢？你是聪明人，你

不大可能轻率而粗心地让你拥有的最为宝贵的东西受到忽视而腐朽的。”[爱比克泰德]

Moreover, even if evil cannot be altogether avoided, it is no doubt true that not only whether the life we lead be good and useful, or evil and useless, but also whether it be happy or unhappy, is very much in our own power, and depends greatly on ourselves. “Time alone relieves the foolish from sorrow, but reason the wise,” [Ibid.] and no one was ever yet made utterly miserable excepting by himself. We are, if not the masters, at any rate almost the creators of ourselves.

进一步说，即使不幸或邪恶不能够完全避免，我们所过的生活是美好而且有所作为，或是不幸而一无作用，甚至是生活快乐或者不快乐，主要是操控在我们的权利范围之内，而且大部分要依靠我们自己。“只有时间能把愚蠢人从忧愁中释放出来，但是理智可使明智人得到解脱。”[爱比克泰德]除了自己之外，没有人能使自己极度悲苦。如果我们不是自己的主人，无论如何就几乎是自己的创造者。

With most of us it is not so much great sorrows, disease, or death, but rather the little “daily dyings” which cloud over the sunshine of life. Many of our troubles are insignificant in themselves, and might easily be avoided!

对于大部分的人而言，让我们晴朗生活布满密云的不是重大的悲伤、疾病或死亡，而是细微的“每天的轻视生趣”。我们的许多麻烦其本身并不重大，而且很容易可以避免。

How happy home might generally be made but for foolish quarrels, or misunderstandings, as they are well named! It is our own fault if we are querulous or ill-humoured; nor need we, though this is less easy, allow ourselves to be made unhappy by the querulousness or ill-humours of others.

要不是无聊的争吵或是误会（这几个字还用得适当吧！），快乐家庭就一般可以实现。我们好争吵或者脾气坏是我们自己的过错，我们也无须因为别人好争吵或者脾气坏而让自己变得不快乐，虽然这么做不容易。

Much of what we suffer we have brought on ourselves, if not by actual fault, at least by ignorance or thoughtlessness. Too often we think only of the happiness of the moment, and sacrifice that of the life. Troubles comparatively seldom come to us, it is we who go to them. Many of us fritter our life away. La Bruyere says that "most men spend much of their lives in making the rest miserable;" or, as Goethe puts it:

Careworn man has, in all ages,
Sown vanity to reap despair.

我们的痛苦有许多是自己招惹来的，其原因如果不是出于实际的错误，至少是由于无知或粗心。我们时常只想到一时的快乐，而牺牲了一生的快乐。各种麻烦相对地不会自动到来，而是我们去找它们。我们许多人把生命白白浪费，拉布吕耶尔说："大多数人把他们的大部分生命花费在搞得大家很痛苦上面。"或是像歌德所说的：

被忧虑折磨的人，一直以来

都在种植虚荣，而所得是失望。

Not only do we suffer much in the anticipation of evil, as “Noah lived many years under the affliction of a flood, and Jerusalem was taken unto Jeremy before it was besieged”, but we often distress ourselves greatly in the apprehension of misfortunes which after all never happen at all. We should do our best and wait calmly the result. We often hear of people breaking down from overwork, but in nine cases out of ten they are really suffering from worry or anxiety.

“诺亚多年来生活在洪水为患的痛苦之中，耶路撒冷被围困之前耶利米已是悲恸万分。”我们也一样，不但为期待不幸而受苦，而且为了莫须有的灾祸而恐惧并且深受其困扰。我们应该尽力克制自己，平静地等待结果。我们常常听到人们因为过劳而身心崩溃，但十之八九是出于忧虑或担心而真正受苦。

“Nos maux moraux,” says Rousseau, “sont tous dans l'opinion, hors un seul, qui est le crime; et celui-la depend de nous: nos maux physiques nous detruisent, ou se detruisent. Le temps, ou la mort, sont nos remedes.” (All our moral wrongs reside in the opinion, except a single one which is the crime; and that one depends on us. Our physical ills either destroy us or destroy themselves. Time, or death, are our remedies.)

Our remedies oft in ourselves do lie,
Which we ascribe to heaven. [Shakespeare]

卢梭说：“除了涉及犯罪之外，道义上的对错完全言人人殊；而是否犯罪端赖自己。祸难或是毁灭我们，或是自行毁灭。时间，

或死亡，是我们的救助。”[本段卢梭引文的英译，系由译者邀请法文学者 Lydia 英译，由译者附加]

救助时常就存在于我们自身，

我们却说来自上天。[莎士比亚]

This, however, applies to the grown up. With children of course it is different. It is customary, but I think it is a mistake, to speak of happy childhood. Children, however, are often over-anxious and acutely sensitive. Man ought to be man and master of his fate; but children are at the mercy of those around them. Mr. Rarey, the great horse-tamer, has told us that he has known an angry word raise the pulse of a horse ten beats in a minute. Think then how it must affect a child!

但是，上面的话只适用于成人，对于小孩子却又不同。一般都说童年是快乐的，我认为不对。孩子们通常是过分担心而又极度敏感的。人就该像一个人，做自己命运的主人翁，但是孩子们却会受到他们周围之人的影响。杰出的驯马师瑞利先生曾经告诉我们，他知道有一句怒言能让一匹马每分钟的脉搏增加十下。试想那样的话会怎样影响一个孩子!

It is small blame to the young if they are over-anxious; but it is a danger to be striven against. “The terrors of the storm are chiefly felt in the parlour or the cabin.” [Emerson]

年轻人过分担心是无可厚非的，力求矫正他们不无危险。“对于暴风雨的恐惧主要是在起居室或是船舱之中感觉到的。”[爱默生]

To save ourselves from imaginary, or at any rate problematical, evils, we often incur real suffering. "The man," said Epicurus, "who is not content with little is content with nothing." How often do we "labour for that which satisfies not." [Seneca] More than we use is more than we need, and only a burden to the bearer. We most of us give ourselves an immense amount of useless trouble; encumber ourselves, as it were, on the journey of life with a dead weight of unnecessary baggage; and as "a man makes his train longer, he makes his wings shorter." [Bacon] In that delightful fairy tale, *Alice through the Looking-Glass*, the "White Knight" is described as having loaded himself on starting for a journey with a variety of odds and ends, including a mousetrap, in case he was troubled by mice at night, and a beehive in case he came across a swarm of bees.

为了挽救想象之中或者无论如何只是可能造成问题的不幸，我们常常惹来真正的痛苦。伊壁鸠鲁说：“不能满足于少量的人，不会对任何东西感到满足。”我们常常“为了不能满足自己的一些东西而费尽心力”。[塞涅卡] 超过我们所用的就是超过我们的需要，因而对于拥有人就是负担。我们大部分人总给予自己大量的无谓的麻烦，这好比是在人生的旅途上带着没有需要的沉重的行李，为自己增加负累。“人们要是把尾巴拉长了，就会把翅膀弄短”。[培根] 在《爱丽丝进入镜中世界》那个可爱的童话中，“白衣骑士”被描写为在开始旅途时肩负着形形色色的各种东西，包括夜间如为鼠患所苦才有需要的捕鼠器，以及万一遇到一窝蜜蜂方有用场的蜂箱。

Hearne, in his *Journey to the Mouth of the Coppermine River*, tells us that a few days after starting on his expedition he met a party of Indians, who annexed a great deal of his property, and all Hearne says is, "The weight of our baggage being so much lightened, our next day's journey was much pleasanter." I ought, however, to add that the Indians broke up the philosophical instruments, which, no doubt, were rather an encumbrance.

在《铜矿河口之旅》中，赫恩告诉我们说，在他开始远征的几天之后，他遇到一伙印第安人，他们掠夺了他的许多财物，赫恩对这件事所说的全部的话只是"我们的行李减轻了不少，我们次日的旅程愉快多了"。但是，我应该补充说，印第安人当时把赫恩的实验仪器打破了，无疑是一种阻碍。

When troubles do come, Marcus Aurelius wisely tells us to "remember on every occasion which leads thee to vexation to apply this principle, that this is not a misfortune, but that to bear it nobly is good fortune." Our own anger indeed does us more harm than the thing which makes us angry; and we suffer much more from the anger and vexation which we allow acts to rouse in us, than we do from the acts themselves at which we are angry and vexed. How much most people, for instance, allow themselves to be distracted and disturbed by quarrels and family disputes. Yet in nine cases out of ten one ought not to suffer from being found fault with. If the condemnation is just, it should be welcome as a warning; if it is undeserved, why should we allow it to distress us?

每当困难来临而让我们苦恼之际，马可·奥勒留就明智地告诉我们，“要记住善用这条原则：困难到来不是噩运，而豁达地承受它却是好运”。我们的愤怒，比之引起我们愤怒的事情，确实造成更多的伤害。有一些行为会激使人们恼怒，我们若容许这类行为使我们恼怒，让我们受害更多的就是那些恼怒。例如，多少人为了口角和家庭争吵而让自己困扰不已。十之八九，我们不应因为受到挑剔而痛苦。如果指责有道理，我们应该把它视为警告加以欢迎；要是不值得重视，为什么要让它使我们苦恼？

Moreover, if misfortunes happen we do but make them worse by grieving over them.

而且，不幸发生时要是我们为之悲伤，不幸只会更加让人难以忍受。

“I must die,” again says Epictetus. “But must I then die sorrowing? I must be put in chains. Must I then also lament? I must go into exile. Can I be prevented from going with cheerfulness and contentment? But I will put you in prison. Man, what are you saying? You may put my body in prison, but my mind not even Zeus himself can overpower.”

爱比克泰德又说：“我迟早会死，但是，我必得悲伤地死去吗？我一定会被拴上锁链的。我也必定要哀怨吗？我一定会被放逐的。在放逐时谁能阻止我不让我欢欣和满意呢？但是，我肯定送你进监狱。朋友，你在说什么啊？你可以把我的肉身关在监狱里，但就是宙斯主神也制服不了我的心灵。”

If, indeed, we cannot be happy, the fault is generally in ourselves.

Socrates lived under the Thirty Tyrants. Epictetus was a poor slave, and yet how much we owe him!

的确，如果我们不能快乐，其过失一般都在我们自己。苏格拉底在三十霸主之下生活。爱比克泰德是个可怜的奴隶，可是我们受到他的教益真多啊！

"How is it possible," he says, "that a man who has nothing, who is naked, houseless, without a hearth, squalid, without a slave, without a city, can pass a life that flows easily? See, God has sent you a man to show you that it is possible. Look at me, who am without a city, without a house, without possessions, without a slave; I sleep on the ground; I have no wife, no children, no praetorium, but only the earth and heavens, and one poor cloak. And what do I want? Am I not without sorrow? Am I not without fear? Am I not free? When did any of you see me failing in the object of my desire? or ever falling into that which I would avoid? Did I ever blame God or man? Did I ever accuse any man? Did any of you ever see me with a sorrowful countenance? And how do I meet with those whom you are afraid of and admire? Do not I treat them like slaves? Who, when he sees me, does not think that he sees his king and master?"

他说："一个身无长物、衣不蔽体，没有恒产，没有家，肮脏，没有奴仆，没有邦籍的人，怎么还能自由自在地过日子呢？瞧，上帝给你派了一个人来，跟你证明那是可能的。请看我，我没有可以归属的城市，没有房屋，没有财产，没有帮工；我睡在地上；我没有妻子，没有孩子，没有职位，只是下踩泥土、上顶天空，只有一件可怜巴巴的长衫。我需要什么呢？我不是没有忧虑吗？

我不是没有恐惧吗？我不是自由吗？你们有谁看到我为了所欲求之物而丧失自己呢？或是见到我陷入可以躲开的陷阱呢？我曾经把过失推诿给上天或他人吗？我曾经指摘过谁吗？你们谁看到我愁眉苦脸吗？你们所惧怕和羡慕的人，我是怎么对待他们的呢？我不是把他们当作奴隶对待吗？谁看到我不以为他自己遇到国王或尊长呢？”

Think how much we have to be thankful for. Few of us appreciate the number of our everyday blessings; we look on them as trifles, and yet “trifles make perfection, and perfection is no trifle,” as Michelangelo said. We forget them because they are always with us; and yet for each of us, as Mr. Pater well observes, “these simple gifts, and others equally trivial, bread and wine, fruit and milk, might regain that poetic and, as it were, moral significance which surely belongs to all the means of our daily life, could we but break through the veil of our familiarity with things by no means vulgar in themselves.”

想一想，我们该感谢的事情有多少啊！我们很少会欣赏每天到来的大量的福恩，我们只把那些福恩看作琐屑的东西，然而米开朗琪罗却说：“琐屑的东西构成完美，完美却不是琐屑的东西。”我们忘记它们，因为它们总是跟我们在一起。佩特先生说得好：“对于我们每一个人来说，这些简单的赐予，还有其他同样琐碎的东西，像面包和酒、水果和牛奶，它们固然是我们每天生活的必要物品，但‘熟悉’为我们在那些本身并不粗鄙的物件上盖上一层薄纱，只要我们能透视让我们对事物‘熟视无睹’的纱巾，那些东西就可能恢复诗一般的甚至具有道理上的重大意义。”

“Let not,” says Isaak Walton, “the blessings we receive daily from God make us not to value or not praise Him because they be common; let us not forget to praise Him for the innocent mirth and pleasure we have met with since we met together. What would a blind man give to see the pleasant rivers and meadows and flowers and fountains; and this and many other like blessings we enjoy daily.”

沃尔顿说：“我们每天从上帝那儿得到的福祉，不要因为它们普普通通，就让我们不去重视或不去赞美上帝。大家相聚以来，我们总见到纯真的欣喜和欢乐，让我们不要忘记赞美上帝。要是盲人能看见可爱的河流、草地、花卉和喷泉，他们愿意付出多少？我们每天都在享受这些和许多其他类似的福祉。”

Contentment, we have been told by Epicurus, consists not in great wealth, but in few wants. In this fortunate country, however, we may have many wants, and yet, if they are only reasonable, we may gratify them all.

伊壁鸠鲁告诉我们，满足并不是出于巨大财富，而是得自寡欲。但是，在这个幸运的国家，我们可以有很多欲求，只要是合理的，我们都能一一予以满足。

Nature indeed provides without stint the main requisites of human happiness. “To watch the corn grow, or the blossoms set; to draw hard breath over ploughshare or spade; to read, to think, to love, to pray,” these, says Ruskin, “are the things that make men happy.”

对于人的幸福的主要必需品，大自然的确是毫不吝啬地供应。罗斯金说：“观看玉米生长，或是花朵结出果实；犁田或锄地时用力吸气；阅读、思索、爱怜、祈祷；这些都是令人快乐的事。”

“I have fallen into the hands of thieves,” says Jeremy Taylor; “what then? They have left me the sun and moon, fire and water, a loving wife and many friends to pity me, and some to relieve me, and I can still discourse; and, unless I list, they have not taken away my merry countenance and my cheerful spirit and a good conscience… And he that has so many causes of joy, and so great, is very much in love with sorrow and peevishness who loses all these pleasures, and chooses to sit down on his little handful of thorns.”

“我已经陷入贼人的魔掌内，”J. 泰勒说，“那又怎么样呢？他们给我留下了太阳和月亮，火和水，一个贤妻和怜悯我的众多朋友，还有一些人救助我，而且我还能谈话；除非我愿意，他们没有把我欢欣的外貌、愉快的精神和善良的意识夺走……一个具有如此之多、况且又如此重要的原因从而感到欢乐的人，当然是非常爱怜那些悲伤和乖戾的人，他们丧失了所有这些乐趣，选择在独自的一小撮荆棘丛坐下。”

“When a man has such things to think on, and sees the sun, the moon, and stars, and enjoys earth and sea, he is not solitary or even helpless.” [Epictetus]

“每个人有那么多东西可以思索，又看得见太阳、月亮和星星，欣赏土地和海洋，他不是孤单的，甚至也不是孤苦无助的。”[爱比克泰德]

“Paradise indeed might,” as Luther said, “apply to the whole world." What more is there we could ask for ourselves? "Every sort of beauty," says Mr. Greg in *The Enigmas of Life*, "has been lavished on our allotted home; beauties to enrapture every sense, beauties to satisfy every taste; forms the noblest and the loveliest, colours the most gorgeous and the most delicate, odours the sweetest and subtlest, harmonies the most soothing and the most stirring; the sunny glories of the day; the pale Elysian grace of moonlight; the lake, the mountain, the primeval forest, and the boundless ocean; 'silent pinnacles of aged snow' in one hemisphere, the marvels of tropical luxuriance in another; the serenity of sunsets; the sublimity of storms; everything is bestowed in boundless profusion on the scene of our existence; we can conceive or desire nothing more exquisite or perfect than what is round us every hour; and our perceptions are so framed as to be consciously alive to all. The provision made for our sensuous enjoyment is in overflowing abundance; so is that for the other elements of our complex nature. Who that has revelled in the opening ecstasies of a young Imagination, or the rich marvels of the world of Thought, does not confess that the Intelligence has been dowered at least with as profuse a beneficence as the Senses? Who that has truly tasted and fathomed human Love in its dawning and crowning joys has not thanked God for a felicity which indeed 'passes understanding.' If we had set our fancy to picture a Creator occupied solely in devising delight for children whom he loved, we could not conceive one single element of bliss which is not here."

路德说："整个世界的确可以说就是天堂乐土。"还有什么更多的东西我们可以替自己要求的呢？"各种各样的美，"革瑞格先生在《生命之谜》中说，“都在我们的栖身处应有尽有。迷惑人的每一个感觉的美，满足每一种口味的美；最高贵和最可爱的模样，最艳丽和最精致的彩色，最甜美和最微妙的气味，最令人舒畅也最让人激动的和谐；日间阳光的灿烂，月色在天际的淡雅；湖、山、原始森林、漫无边际的海洋，在这半个地球上的‘静寂积雪的顶峰’，在另半个地球的炎热的茂密的奇观；日落的安详，暴风雨的壮烈。我们生存之境地的每一事物都赋有无穷的丰沛；我们所能想象和欲求的东西，随时都在我们周遭；我们的知觉和意识对这一切从来就是非常敏感的。上天供给我们感官享受的东西真是丰盈大量，所提供以餍足我们复杂性格的其他欲求也一样。年轻人的诗篇的开端所散发出的狂喜，思想世界又那么丰赡，令人惊讶，哪一个曾经对这或对那着迷的人能够否认，‘理智’所获得的丰厚陪嫁至少跟情欲所得一样的多？曾经真正尝试和探测过人间之爱的初恋和热恋的喜乐的人们，没有不为了一种‘超出了解’的福祉而感谢上帝。如果我们把想象指向一位创造者，他忙忙碌碌完全是为了他喜爱的孩子们设计欢乐，我们就无法想出有任何福祉的什么元素，竟然不存在这个世界。”

About the article and its author This article, in its original title, was taken from the book: The Pleasures of Life, pp.1—28, first published in 1887. Based on a copy of its 1891 version this translator has in hand, the book must have been very popular then, being the 12th edition each with alterations and additions since its publication four years earlier. Its author Sir John Lubbock (1834—1913) was well-known in England during the last third of the 19th century. Apart from receiving the 1st Baron Avebury (after being a baronet), Doctor of Civil Law, Doctor of Law, he had been a British parliamentary member, a fellow of the Royal Society, Presdent of the London Chamber of Commerce, principal of the London Working Men's College, and chairman of the London County Council. To sum up his unusual life, Sir John was an author, naturalist, educator, banker and politician.

关于本文和作者 本文取自*The Pleasures of Life*首篇（第1—28页），篇名未动。英文原著于1887年初版。从译者手头现有的1891年版本可以看出，该书必定曾经风行一时，因为该著作在出版后的四年内有机会进行12次的修订和增补。作者拉伯克爵士（1834—1913）在19世纪后期的英国也是名重一时的：他早年是准男爵（后被敕封为"首任阿夫伯里男爵"），荣获民法博士、法学博士。又身为国会议员、皇家学会会员。原书上他还有三个头衔：伦敦商会主席、伦敦工人学院校长以及伦敦郡议会主席。综合他不凡的一生，他的身份可以概括地称为作家、博物学家、教育家、银行家和政治家。

胡百华

附　录

主要中译专名中英对照

A．主要中译人名中英对照及简注

阿诺德，E.（Arnold, Edwin，1832—1904），英国诗人和报人

阿诺德，M.（Arnold, Matthew，1822—1888），英国诗人和评论家

爱比克泰德（Epictetus，约 50—约 138），古罗马奴隶出身的哲学家

爱尔维修（Helvetius, Claude Adrien，1715—1771），法国哲学家

爱默生（Emerson，1803—1882），美国思想家、散文作家和诗人

奥马 · 海亚姆（Omar Khayyam，1048—1131），波斯诗人、数学家、天文学家

拜伦（Byron，1788—1824），英国诗人

鲍斯威尔（Boswell，1740—1795），英国作家

彼特拉克（Petrarch，1304—1374），意大利诗人

佩特罗尼乌斯（Petronius，死于公元 66 年），古罗马作家

毕达哥拉斯（Pythagoras, 约公元前 580—前 500），古希腊哲学家及数学家

柏拉图（Plato，约 428—348），古希腊哲学家

布朗爵士（Browne, Sir T.1605—1682），英国医师及作家

布鲁诺（Bruno，1548—1600），意大利哲学家

但丁（Dante，1265—1321），意大利诗人，《神曲》的作者

德摩西尼（Demosthenes，公元前 385?—前 322），雅典演说家及政治家

第欧根尼 · 拉尔修（Diogenes Laertius，约 200—约 250），古希腊哲学

史家

第欧根尼（Diogenes，公元前 412?—前 323），希腊犬儒学派哲学家

狄德罗（Diderot，1713—1784），法国哲学家及百科全书编撰人

笛卡尔（Descartes，1596—1650），法国数学家及哲学家

腓特烈大帝（Frederick the Great，1712—1786），普鲁士国王

伏尔泰（Voltaire，1694—1778），法国作家

富兰克林（Franklin, Benjamin，1706—1790），美国政治家及哲学家

哥尔德斯密斯（Goldsmith，约 1730—1774），英国作家

歌德（Goethe，1749—1832），德国诗人、戏剧家、小说家和哲学家

葛拉西安（Gracian，1601—1658），西班牙散文家及耶稣会教士

荷马（Homer），古希腊公元前 10 世纪的史诗诗人

赫尔姆霍茨（Helmholtz，1821—1894），德国物理学家

贺拉斯（Horace，公元前 65—前 8），罗马诗人及作家

黑格尔（Hegel，1770—1831），德国古典唯心主义哲学家

华兹华斯（Wordsworth，1770—1850），英国桂冠诗人

霍布斯（Hobbes，1588—1679），英国哲学家

霍勒斯（Horace，或译为"贺拉斯"）

克里西普斯（Chrysippus，约公元前 280—约前 207），希腊斯多亚学派哲学家

卡巴尼斯（Cabanis，1757—1808），法国哲学家

康德（Kant, Immanuel，1724—1804），德国哲学家

卡尔德隆（Calderon，1600—1681），西班牙戏剧家及诗人

克拉特斯（Crates），古希腊犬儒派哲学家

克雷芒（Clement of Alexandria，约 150—211），基督教神学家

拉布吕耶尔（La Bruyere，1645—1696），法国作家

拉罗什富科（La Rochefoucauld，1613—1680），法国作家及道德论者

拉斐尔（Raphael，1483—1520），意大利画家

莱布尼兹（Leibnitz，1646—1716），德国哲学家及数学家

莱辛（Lessing，1729—1781），德国批评家及戏剧家

利希滕贝格（Lichtenberg，G. C.，1742—1799），德国作家

利亨特（Leigh Hunter，1784—1859），英国作家

卢克莱修（Lucretius，约公元前 99—前 55），古罗马诗人及哲学家

卢奇安（Lucian，120？—200？），古希腊作家，著有《对话录》等书（或译为“琉善”）

卢梭（Rousseau，1712—1778），法国思想家和文学家

路德（Luther，1483—1546），德国人，欧洲宗教改革运动家

罗斯金（Ruskin，1819—1900），英国画家和评论家

马可 · 奥勒留（Marcus Aurelius，121—180），罗马皇帝和犬儒派哲学家

马略（Marius，公元前 157—前 86），古罗马政治家

梅特罗多洛（Metrodorus），公元前 4 世纪的希腊哲学家

梅尔克（Merck），歌德早年友人

蒙蒂（Monti，1754—1828），意大利诗人

弥尔顿（Milton，1608—1674），英国诗人

米开朗琪罗（Michelangelo，1475—1564），意大利雕塑家、画家、建筑师和诗人

靡非斯特（Mephistopheles），《浮士德》一书中的魔鬼

诺亚（Noah），基督教《圣经》故事人物，洪水灭世后人类的新始祖

培根（Bacon, Francis，1561—1626），英国哲学家、散文家和实验科学创始人

裴斯泰洛齐（Pestalozzi，1746—1827），瑞士教育家

佩特（Pater, Walter Horatio，1839—1894），英国批评家和作家

普鲁塔克（Plutarch，46?—120?），古罗马传记作家

普罗克洛斯（Proclus，410?—485），古希腊哲学家

齐格菲（Siegfried），日耳曼传说中的英雄

萨迪（Sadi，约 1208—1292），波斯诗人

萨伏那洛拉（Savonarola，1452—1498），意大利宗教和政治改革家

塞万提斯（Cervantes，1547—1616），西班牙作家

塞涅卡（Seneca, 约公元前 4—公元 65），古罗马哲学家、政治家和剧作家

骚塞（Southey，1774—1843），英国作家及桂冠诗人

莎士比亚（Shakespeare，1564—1616），英国剧作家和诗人

尚福尔（Chamfort，1740—1794），法国作家

圣·伯纳德（Saint Bernard，1090—1153），法国教士

司各特（Scott, Sir Walter，1771—1832），苏格兰诗人及小说家

斯宾诺莎（Spinoza，1632—1677），荷兰哲学家

斯托拜乌斯（Stobaeus），古希腊哲学家

苏格拉底（Socrates，公元前469?—前399），古希腊哲学家

所罗门（Solomon），公元前10世纪的以色列国王，相传智慧高超

泰奥格尼斯（Theognis），古希腊诗人

泰勒，J.（Taylor, Jeremy，1613—1667），英国圣公会高级教士和神学家

塔西佗（Tacitus，约55—约120），古罗马历史家

泰伦提乌斯（Terentius，约公元前195—前159），古罗马戏剧家

托马西乌斯（Thomasius, Christian，1655—1728），德国哲学家

维吉尔（Virgil，公元前70—前19），古罗马诗人

沃尔顿（Walton, Izaak，1593—1683），英国作家

西塞罗（Cicero，公元前106—前43），罗马政治家及作家

悉达多王子（Siddartha, Prince），印度公元前6世纪佛教创始人释迦牟尼的本名

席勒（Schiller，1759—1805），德国诗人及戏剧家

雪莱（Shelley，1792—1822），英国浪漫派诗人

阿里奥斯托（Ariosto，1474—1533），意大利诗人

亚里士多德（Aristotle，公元前384—前322），古希腊哲学家

伊壁鸠鲁（Epicurus，公元前341—前270），古希腊哲学家

尤利西斯（Ulysses），古罗马史诗《奥德赛》中的英雄Odysseus的拉丁文名

约翰孙博士（Johnson, Dr，1709—1784），英国作家及辞书编辑家

宙斯（Zeus），希腊神话中的主神

朱庇特（Jupiter），罗马神话中统治诸神的主神，相当于希腊神话中的宙斯

尤维纳利斯（Juvenalis，约60—约140），罗马诗人

B. 主要著作名称中西对照及简注

《埃涅伊得》（*Aeneid*），维吉尔著。也译作《埃涅阿斯纪》

《奥德赛》（*Odyssey*），荷马著

《奥义书》（*Upanishads*），载于《吠陀经》内

《吠陀经》（*Vedas*），印度教经典

《讽》（*Satires*），贺拉斯著

《浮士德》（*Faust*），歌德著

《共和国》（*Republic*），亚里士多德著

《精选集》（*Eclogae*），斯托拜乌斯著

《警言》（*Epigrammata*），卢奇安著

《宽厚》（*De Clementia*），塞涅卡著

《论道德的基础》（*The Foundation of Morals*），叔本华著

《玫瑰园》（*Garden of Roses*），萨迪著

《魔笛》（*Zauberflote*），歌剧名

《尼各马可伦理学》（*Nichomachean Ethics*），亚里士多德著

《亲和力》（*Wahlverwandtschaften* 或 *Elective Affinities*），歌德著

《圣经 · 传道书》“Ecclesiastes”

《圣经 · 德训篇》“Ecclesiasticus”

《诗艺》（*Ars Poetica*），贺拉斯著

《作为意志和表象的世界》（*Welt als Wille und Vorstellung* 或 *The World as Will and Phenomenon*），叔本华著

《似非而是集》（*Paradoxa Stocorum*），西塞罗著

《颂诗》（*Odes*），贺拉斯著

《书函集》（*Epistles*），贺拉斯著

《书文集》（*Epistulae*），塞涅卡著

《塔索》（*Tasso*），歌德著

《威廉 · 迈斯特》（*Wilhelm Meister*），歌德著

《西东诗集》（*Westostlicher Divan*），歌德著

《新篇》（*Nouveaux Essais*），莱布尼兹著

《幸福伦理观》（*Eudemian Ethics*），亚里士多德著

《伊利亚特》（*Iliad*），荷马著

《政治》（*Politics*），亚里士多德著

《优台谟伦理学》（Eudemian Ethics），亚里士多德著